まえがき

親が子どもにしてあげる「すてきなおはなし」は、子どもの心にいつまでも残ります。

子どもは、様々な体験の中で育ちます。子どもの体験の中には、「困ったこと」もあります。失敗することもあります。友だちとのトラブルもあります。

そんな時、子どもの心の支えになるのが、親が聞かせてくれた「おはなし」です。

また、夜寝ながら本を読んでやることも、無償の愛がある親だからこそできることです。親の姿を見て子は育ち、親の話によって心が磨かれていきます。

私は、「全国子ども作文コンクール」の審査を長年続けていました。全国から寄せられる何万もの作品の中には、すばらしいものがたくさんありました。とりわけ、子どもが困難に出会った時、それを乗り越えたドラマに心を打たれました。

子どもがピンチの時、それを乗り越える多くの裏には、親の姿があります。親が子に子どもを勇気づけるすばらしい「おはなし」をしてくれているのです。

審査に携わった森山眞弓さん（元文部大臣）、見城美恵子さん、紺野美沙子さんたちと、「すてきな親がいるから、子どももすてきなのね」と何度も話し合ったものです。

親が子にしてあげる「すてきなおはなし」はありそうですが、なかなかみつかりません。

私は、ＮＨＫクイズ面白ゼミナールの出題者をずっとやっていたことをはじめ、多くの教材を作ってきました。ここに掲載されているお話は、私が監修し、ＴＯＳＳ中央事務局の師尾喜代子氏が編集した既刊本「子どもがじっと耳を傾けるおはなし」「子どもが思わず聞き入る魔法のお話」（ＰＨＰ研究所）や「教室がシーンとなるとっておきの話」（明治図書）の中から、テーマにあったお話を集めたものです。

寝る前のひととき、落ち着いた雰囲気の時、ゆっくりと読み聞かせの時間をもってください。ひとつひとつのお話が親から子への貴重なプレゼントとなり、一生の宝となります。

また全国の教室で先生方による読み聞かせが行われることを願っています。

お子さんが気にいったお話しは、何度でも繰り返し、繰り返し読んであげてください。

子どもたちのすこやかな成長が目に見えるようです。

二〇一七年十二月　　ＴＯＳＳ代表・日本教育技術学会会長　向山洋一

目次

読み聞かせの目安として 幼児・低学年向き 中学年・高学年向き と示しましたが、お子様が分かるように、どのお話もしてあげてください。

第2章

第3章

COLUMN

第1章 かしこい子になるためのお話

幼児・低学年向き

1 くだもの村のお話

世界でつくられているくだものの量ベスト3を知っていますか。

一位はブドウ、二位はミカン類、三位はバナナだそうです。

そのブドウさん・ミカンさん・バナナさんが登場するこんなお話があります。

◆

昔々、あるところに「くだもの村」がありました。

ある晴れた日のことです。ブドウさんと、ミカンさんと、バナナさんが、３人でお話をしていました。

ブドウさんが言いました。

「ミカンさん、ミカンさん、あなたはとても明るいオレンジ色をしていますね。それに比べてわたしはこんな紫色。あなたがうらやましい」

それを聞いてミカンさんが言いました。

「バナナさん、バナナさん、あなたはとてもスラリとした身体ですね。それに比べてわたしはこんなに丸い身体。あなたがうらやましい」

今度はバナナさんが言いました。

「ブドウさん、ブドウさん、あなたはとてもかわいい小さな顔ですね。それに比べてわたしはこんなに長い顔。あなたがうらやましい」

三人がため息をついていると、空からお日様が言いました。

「ブドウさん、あなたの紫色は深い海の底のようにきれいです。ミカンさん、あなたのまあるい体は子どものほっぺみたいにかわいいです。バナナさん、あなたの長い顔は三日月様みたいでわくわくします。ブドウさんもミカンさんもバナナさんも、みんなとってもすてきですよ。色も、形も、顔も違うからすてきなのです。私は3人とも、大好きです」

お日様の声を聞いて、ブドウさんもミカンさんもバナナさんも、とてもうれしくなりました。

◆

ブドウがミカンみたいに大きくてオレンジ色だったらどうでしょう。

ミカンがバナナみたいに黄色くて細長かったらどうですか。

わたしたちだって、みんな顔も違うし、声も違う。背が高い人もいるし、低い人もいる。メガネをかけている人もいるし、かけていない人もいる。外で元気に鬼ごっこするのが好きな人もいるし、部屋のなかでしずかに折り紙をするのが好きな人もいます。

あなたと、となりのお友だちが、同じ顔で、同じ声で、やることがみんな同じだったらどうでしょう。わたしたちは機械やロボットではありません。みんな、それぞれ違うのがあたりまえなのです。そして、違うからこそ、すてきなのです。

「くだもの村」のブドウさんたちのように、自分にないところばかりをうらやましがってもいいことは何もありません。

それより、お日様の言うように、自分のいいところを見つけましょう。そして、いいところをいまよりもっとよくしていくように頑張ってみましょう。
わたしは、みんなと違うあなたが大好きです。

向山先生のアドバイス

子どもたちが、自分のすばらしさに気づく手伝いをしてやりましょう。

詩人・金子みすゞさんの詩に、「わたしと小鳥と鈴と」という詩があります。それぞれに、できること、できないことがあるけれど、〝みんな違ってみんないい〟という詩です。

このお話に出てくるように、ブドウもミカンもバナナも、それぞれにおいしいですし、魅力があります。お日様が、それぞれのよさを説明する場面があります。自分のよさに気づくことは、案外難しいことなのです。お互いのよさをうらやむことは悪いことではありません。子どもたちは、友だちのよさをとても上手に見つけます。

「○○ちゃんは、鬼ごっこでとても足がはやいんだよ」

「△△ちゃんは、強いんだよ。転んでも泣かないよ」

きわめて具体的な根拠をもって、説明してくれるのです。そして、「○○ちゃんのように足がはやくなりたい」「△△ちゃんのように強くなりたい」と思うのです。

お日様がくだものたちにそれぞれのよさを気づかせたように、大人たちは、子どもたちが自分のすばらしさに気づく手伝いをしてやらねばなりません。同時に、友だちのよさを追いかける努力をしていたら、エールを贈るべきでしょう。

COLUMN

モーツァルト
神童と呼ばれた天才音楽家

聞いたばかりの音を正確に再現できる耳

　ピアノの音色が好きだったモーツァルトは、ピアノの稽古をしてもらっているお姉さんがうらやましくて仕方ありませんでした。お父さんに、「ぼくもピアノの稽古をやりたい」と頼んでみました。しかし、お父さんは相手にしてくれませんでした。
　モーツァルトが四歳になった、ある日のことです。窓の外では、夕暮れを知らせる鐘の音が鳴っていました。すると、「ポーン、ポーン」と、ピアノの音がどこからともなく聞こえてきました。よくよく聞いてみると、夕暮れを知らせる鐘の音とそっくり同じ音でした。お父さんがピアノの音が聞こえる方へ近づき、そっと部屋をのぞいてみると、モーツァルトが、今聞こえた鐘の音を探して、ピアノを弾いているのでした。お父さんはびっくりして、ピアノの稽古をしてあげることにしました。

幼児・低学年向き

2 小さなハチの大きな力

裕太君は、裏の畑でとうもろこしを育てていました。毎日草を取りにいったり、水をやりにいったり、一生懸命世話をしました。

ある日、畑に行くと大きな牛が裕太君の畑にいました。そしてなんと、裕太君が大切に育てたとうもろこしを食べているではありませんか。

裕太君は、牛にお願いしました。

「牛さん、ここはぼくの畑です。お願いだから違うところに行って下さい」

でも、牛は知らん顔をしてとうもろこしを食べています。裕太君は困ってしまいました。

そこに、ニワトリがやってきました。

「裕太さん、お困りならば、わたしが追い払ってあげましょう」

ニワトリは大きな鳴き声で、

「コッコッコッコッコケコッコー、コッコはあなたの畑じゃない、すぐに出ていきなさい」

と、言いました。でも、牛は知らん顔。それどころか、大きな体をゆすってニワトリのほうを追い出してしまいました。

裕太君が困っていると、犬がやってきました。

「裕太さん、お困りならば、わたしが追い払ってあげましょう」

そう言うと、

「ワンワンワンワン、ワワンワン、ここにいていけないと思ワンのか、出ていけ！」

と、思いっきりほえました。しかし、牛には全然聞こえません。それどころか、大きな体を寄せていって犬も追い出してしまいました。

裕太君が困っていると、山から熊《くま》がやってきました。

「裕太さん、お困りならば、わたしが追い払ってあげましょう」

裕太君は、喜びました。

「やったー、これならうまくいく。こんな大きな熊さんだもの」

熊は、低い声でうなりました。

「ウウウ、ウァオー。クマったやつだ、人の畑に入っておいて、大きな顔をするとは許さないぞ。さあ、出て行くんだ」

熊が立ち上がると、大きな壁のようです。いくらなんでも、これでは牛もびっくりして逃げ出すだろうと思われました。

ところが、それでも、牛は平気な顔。自分の体で体当たり、熊を畑の向こうまで突き飛ばしてしまいました。

裕太君は、しょんぼり肩を落としてこういいました。

「あぁーあ、これではぼくのとうもろこしはだめになっちゃうよ」

裕太君が、畑のすみに腰を下ろして困っていると、どこからともなくブンブンハチがやってきました。

「裕太さん、お困りならば、わたしが追い払ってあげましょう」

「ハチさんありがとう。でも、ニワトリさんにも犬さんにも、あの大きな熊さんにもできなかったことなんだ。君には無理だよ。けがをしてしまうといけないから、もういいよ」

と、あきらめた声で言いました。

それを聞くとハチは、黙って牛のまわりを飛びはじめました。ブーンブーン。牛はうるさそうに見ています。あんまりうるさいので、追い払おうとしましたが、ハチが小さいのでなかなかうまくいきません。

そのうち、ハチは牛の後ろに回って、おしりにチクリ。牛のおしりを刺しました。ハチに刺された牛は、痛くて痛くてたまりません。後ろ足をはね跳ばしながら、跳んでいってしまいました。

遠くに逃げていく牛を見ながら、裕太君は、ハチにお礼を言いました。

小さな、小さなハチが、ニワトリにも犬にも大きな熊にさえできなかったことをやったのです。すごいですね。このように、小さなハチでも、だれにも負けない力をもっているのです。それは、どんな状況でもやってみようとする勇気と、自分にしかできないことを見つける知恵なのです。このハチのように、みかけでは判断できないすばらしい力をもっているのです。

向山先生のアドバイス

小さなものにも大きな力があることを教えましょう。

　このお話を読み終わると、思わず拍手をしたくなります。小さなものが大きなものを倒す、弱くて絶対に勝てないと思っていたものが、強いものに勝つ。いずれも痛快です。次々に出てくる動物たちの楽しいこと、読みながら、「今度の動物は、どうなるかな？」と予想させて読みすすめるとよいでしょう。お話の先を予想させることは、理解力を育てます。状況を把握しなければ、予想が立てられないからです。何度も何度も同じお話を子どもたちは聞きたがります。読み聞かせて本がボロボロになるころ、伝えたいこと、「小さなハチにも大きな力がある」ということがわかってくるのです。

　地図を広げ、小さな日本という国が、世界の大きな国にも負けない物づくりの技術、経済力、文化をもっていることをつけ加えましょう。小さな日本を誇れる子どもに育ってほしいと考えます。

3　自転車の涙

中学年・高学年向き

すすむ君は、自転車がほしくてたまりませんでした。

「近所は車が多くて、危ないから」

「中学生になったら買って上げよう」

「自転車は高いから、もう少しがまんしてね」

などなど、いろいろ言われて、やっと買ってもった自転車です。手に入って、すすむ君はうれしくて、うれしくてたまりませんでした。

すすむ君は、自転車に乗るときには十分気をつけました。もちろん、左側通行を守ります。踏切では一時停止。友だちにせがまれても、絶対に二人乗りはしませんでした。すすむ君が危険のないよう、十分注意して自転車に乗っていたことを、お父さんもお母さんも知っていました。安全に自転車に乗っていたので心配はしていませんでした。

すすむ君は、ほしかった自転車の値段が高かったことを知っていました。お父さんとお母さんがすすむ君のために無理をして自転車を買ってくれたことも分かっていました。

すすむ君は、自転車を買ってもらってから、「お菓子を買って」「おもちゃを買って」「マンガを買って」などとは言わなくなりました。すすむ君なりの気遣いでした。お父さん、お母さんも、すすむ君のそんなちょっぴりの変化に気づいて、うれしく思っていました。

そして、すすむ君は買ってもらったばかりの自転車をとても大事にしていました。毎日、自転車で遊びから帰ってくると、すすむ君は自転車のチェーンに油をさしました。あちこちの部品にもさしました。あちこちにはねたドロも、きれいにふき取りました。銀色の部分は、ぴかぴかに輝くまで磨きこみました。そして、雨が降っても大丈夫なように、カバーを被せて駐輪場にとめておきました。

ただ、それは買ってもらったばかりの最初のうちだけでした。

自転車を買ってもらって、一ヵ月が過ぎるころ、すすむ君は自転車に油をささなくなりました。毎日ささなくたっていいと思ったからです。実際、油は週に一回させば十分です。でも、すすむ君が油をささなくなったわけは、「週に一回で十分だから」というよりは、「だんだん面倒になったから」でした。

二ヵ月が過ぎるころ、すすむ君はドロをふき取らなくなりました。これも、週に一回ふき取ればいいだろうということからです。でも、ほんとうはやっぱり、これも面倒くさくなってきたからでした。

三ヵ月が過ぎるころ、すすむ君は自転車を磨きこまなくなりました。使っていればだんだん新車のときの輝きは失われてきます。汚れているわけではないし、磨こうが磨くまいが、たいして変わらないと、すすむ君はそう思うようになりました。

週に一回はやっていた油さしやドロふき取りが、二週間に一回になり、三週間に一回になり、自転車を買ってもらって半年が過ぎるころには、すすむ君はまったく自転車の手入れをしなくなってしまいました。カバーも被せられることなく、雨ざらしで駐輪場にとめてあります。自転車は汚れ放題。

そんなある日、お父さんがすすむ君に言いました。

「すすむ、このごろ自転車手入れしてやっているのかい？」

言われてすすむ君は、「しまった」と思いました。毎日乗っていますが、もう何週間も何の手入れもしていません。

「このあいだ、父さんがすすむの自転車を見たら、タイヤのあたりでキラッと何かが光ったんだよ。よく見ると、スポークのあたりからしずくがたれていたよ」

「カバーをしていなかったからね。雨で濡《ぬ》れたのかな。これからはちゃんとするよ」

お父さんの言葉に、すすむ君は言いました。

「そう、雨だったのかもね。でもね、すすむ。父さんには、自転車が泣いてるように見えたんだよ。あれは、すすむの自転車の涙だったんじゃないかなあ」

お父さんの言葉に、すすむ君は急に自転車がかわいそうになりました。買ってもらったばかりのころは、あんなに大事にしていたのにー。ごめんよ。

すすむ君は次の日、キーキー音がするようになっていた自転車に久しぶりに油をさし、凝り固まっていたドロを雑巾で削り取るように落としてやりました。きれいになった自転車は、なんだかうれしそうにしているように見えました。

向山先生のアドバイス

子どもの心に届く言葉をかけましょう。

　三日坊主という言葉があります。はじめははりきっていても、その気持ちをもちつづけることは、とても難しいことです。

　このお話のすすむ君は、とてもやさしい、いい子です。それでも、やっと買ってもらった自転車を、毎日手入れすることは難しかったのです。お父さんは、それを見て、怒るのではなく、「自転車が泣いている」と諭したのです。お父さんの残念な気持ちが伝わってきます。このお話からは、子どもを諭すときの親のあり方も見えてきます。すすむ君の素直な気持ちがさわやかです。子どもの心に届く、上手な言葉のかけ方はあるものです。

　日常によくあるこうした親子の会話から、子どもは学び育つのです。

中学年・高学年向き

4 ぐっすり眠るといいこといっぱい

「お母さん、お父さん、おやすみなさい」

あやちゃんは毎日八時になると、おやすみのあいさつをして自分の布団に入ります。

今日はあやちゃんの体のなかが、寝ているあいだにどうなっているか、一緒に見てみましょう。さあ、あなたはこれから小さくなりますよ。ありさんくらい？　いえいえ、もっともっと小さく、小さく。米粒くらい？　いえいえ、もっともっと小さく小さく。砂粒くらい？　そうそう、それくらい小さくなって、あやちゃんの体のなかに入ってみましょう。入り口は耳の穴がいいかな？

では、冒険へ、出発！

◆

さあ、ここはあやちゃんの体のなかです。

布団に入ったあやちゃんは、お母さんに本を読んでもらっているうちに、スースーと眠ってしまいました。お母さんが部屋の電気を消しました。すると・・・・。

「やっほー、ぼくホルくん。本名は『成長ホルモン』って言うんだ。あやちゃんが寝てから一時間くらいすると、ぼくはたくさんの仲間とお仕事するんだよ。どんなお仕事かって？　ぼくたちはあやちゃんの体を大きくするんだ。きみは『骨』とか『筋肉』って知ってるかい？　ぼくたちは君たちの体を支えている骨や筋肉を育てるんだ。さあ、仕事、仕事。じゃあまたね」

さて、あやちゃんが眠ってから四時間くらいたちました。夜中の十二時です。おやおや、まただれかがお仕事を始めたようです。

「こんばんは。わたしメラちゃん。本名は『メラトニン』って言うの。わたしたちのお仕事は、あやちゃんがいつもニコニコ楽しく過ごせるようにすることなのよ。わたしたちがお仕事しないと、あやちゃんは怒ったり、イライラしたりすることが多くなっちゃうの。もうひとつのお仕事は、あやちゃんに『いまは眠る時間ですよ』とか、『起きる時間ですよ』とか教えてあげることなの。さあ、今日もはりきって働くわよ。じゃあね」

さてさて、あやちゃんが眠ってから六時間くらいたちました。夜中の二時です。

「ハ～イ、わたしアクちゃんです。本名は『ACTH』（副腎皮質刺激ホルモン）といいます。わたしの仕事は、あやちゃんが一生懸命頑張ることができるように応援することです。友だちと仲よく遊んだり、勉強したりできるのもわたしのおかげなのです。では、グッドバ～イ」

新聞屋さんのバイクの音が聞こえます。あやちゃんが眠ってから、八時間くらいたちました。朝の四時です。

「はじめまして。わたし、コルちゃん。本名は『コルチゾール』って言うんだ。わたしたちは、あやちゃんの体を、少しずつあたたかくするんだよ。それでね、『あやちゃん、そろそろ朝が近づいてきましたよ』って、やさしく教えてあげるの。さあ、朝まであまり時間がないから、頑張らなくっちゃ。またね」

さあ、ホルくん、メラちゃん、アクちゃん、コルちゃんの四人にさよならして、あやちゃんの体から脱出しましょう。いち、にの、さん！

眠っているあいだに、体のなかで、たくさん大事なことが起こっているんですね。

もし、あなたが夜遅くまでテレビを見たりゲームをしたりしていると、ホルくん、メラちゃん、アクちゃん、コルちゃんたちがしっかりお仕事できません。

◆

体を支える骨や筋肉をきちんと大きくすること。

毎日にこにこ、楽しく過ごせること。

友だちと仲よく遊んだり、一生懸命勉強したりできること。

朝、気持ちよく起きられること。

夜早くお布団に入り、ぐっすり、たっぷり眠ると、こんなにいいことがあるのですよ。あなたも今日から早寝に挑戦してみましょう。

向山先生のアドバイス

子どもはぐっすり眠ることで成長します。

　子どもにとって眠ることが大切だということは、だれもがわかっていることです。でも実際には、夜早く床につく子は少なくなっています。小学生の低学年では、八時には寝させたいものです。子どもの健康管理は、保護者の責任です。大人の都合で不規則な生活を送らせていると、集中力がなく、体力がない子どもになってしまいます。

　朝、学校に来てあくびの連続の子にたずねると、

「昨日は、夜十時にお寿司屋さんに行ったよ」

「お客さんとゲームしていたよ」

「昨日は、家族でカラオケに行ったよ。面白かったよ。ぼくは寝ちゃったけどね」

　家族で楽しい時を過ごすことはよいことですが、昼間元気で健康な子どもは、自然に夜は、眠くなるのです。きちんと床で休めるよう、大人がタイムスケジュールの管理をしましょう。例外なく、毎日規則正しく、早く寝る習慣をつけるべきです。

　早く寝るということは、子育ての絶対条件なのです。

中学年・高学年向き

5　こころのスイッチ

人（ヒト）だけがもっているすばらしい力、それは何だと思いますか。

ヒトとチンパンジーは、五万年前、共通の祖先から分かれて進化したと考えられています。ヒトの遺伝子の数は約三万二千個です。ヒトゲノムといわれる「人間の生命活動の設計図」の解読の結果、ヒトとチンパンジーの遺伝情報は、約一・二三パーセントしか違わないということがわかってきました。ということは、遺伝情報の約九十九％は一緒です。でも、ヒトとチンパンジーは、いまの様子や生活が全然違います。「あるもの」を人間はもっていたので、チンパンジーとのあいだに差が出てきたのです。これが、人だけがもっているすばらしい力です。

いま、そうした人間だけがもっているすばらしい力である「智の遺伝子」を見つけようという研究が進められているのです。

さて、みなさんは、ヒトがヒトであるための「智の遺伝子」とはなんだと思いますか。

みなさんはその力をちゃんと使っているでしょうか。毎日の生活のなかでの「智の遺伝子」をさがして、ある小学校を覗いてみましょう。

休み時間です。お友だちとドッジボールをしています。得意な子も苦手な子も、仲よく遊んでいます。その子たちはちゃんと「智の遺伝子」を使っていますね。

得意な子だけで遊ぶのであれば、それはお友だちとはいえません。「ドッジボールをする子」です。当たったり、当たられたりして、ゲームや作戦を考えるのがお友だちです。強く投げられない子がいたら、投げ方を教えてあげると当てることができるかもしれません。足の方向を教えてあげると、当てられるかもしれません。そんなふうに教え合ってできるようになっていくのです。休み時間が楽しくなるのです。友だちを助けてあげられるというやさしい「智の遺伝子」です。

掃除の時間です。廊下掃除をしています。廊下は教室掃除より場所が狭いので、早く終わりました。一人の子は「あー終わった」、もう一人の子は「窓も拭こう」です。どちらのほうが「智の遺伝子」を使っていると思いますか。もちろん「窓も拭こう」ですね。みんなが使うところがきれいだと気持ちがいいです。だれが掃除するか決まっていません。

そういうときに、自分から進んで行動できることはすばらしいです。みんなのために考える「智の遺伝子」です。

勉強の時間です。一生懸命勉強しています。勉強すればするほど、次にやりたいことが浮かんできます。もっと知りたいという気持ちが大きくなります。わかるって楽しいな、今度はどんなことが発見できるかな、と思いながら勉強しています。先生や友だちの話をしっかりと聞くことができます。それは、知りたいという気持ちが強いからです。「智の遺伝子」をたっぷり使っていますね。

「智の遺伝子」はどんなものでしたか。いつでも使える力です。そして、すばらしい力です。みなさんの気持ちしだいです。それを使うときに必要なもの、それは何でしょう。

それは、みんなの気持ちしだい、つまり、みんながもっている「心」です。相手のことを考え、行動するという心です。休み時間も掃除の時間も勉強のときにも、「智の遺伝子」を使うには、いつでも心が必要です。人は、「智の遺伝子」を使うための心をもつことができたために、いまのような生活を送れるようになったのです。その心が体中にしみわたり、人間の細胞ひとつひとつが働いた結果、いまの人間ができたのです。

みなさんのお父さん、お母さん、おじいさん、おばあさん、そのずっと前から、「心」を受け継いできたのです。そうしてみなさんがいまここにいるのです。五百万年前からです。すごいことですね。

みなさん、この大切な心をたくさん使いましょう。人にしかできないことなのです。人が人であるといわれる証です。たくさん使えば使うほど、心を大きくします。心がどんどん大きくなって、ほんとうに心が大きい人になれるといいですね。

向山先生のアドバイス

心を豊かに育てるには、心をいっぱい使わせることが大切です。

遺伝子の研究が進み、人間について、さまざまなことが解明されてきたことは周知のとおりです。人間の祖先から受け継がれてきたすばらしい力を子どもたちにも話して聞かせたいものです。人だけがもっている「智の遺伝子」が「心」だということは、きっと子どもたちにはわかることでしょう。

教室では、さまざまな子どもたちの「智の遺伝子」を発見することができます。給食のおかわりをするために、男の子と女の子が同時にスープのところに駆け寄りました。わたしがそっと見ていますと、男の子が、女の子におたまを渡し、「先に入れていいよ」と言いました。女の子は「ありがとう」と言って、スープを食器に入れようとしました。そのときです。男の子は、残り少ないスープを入れやすいように、入れ物を傾けてあげたのです。女の子は自分の食器にスープを入れてうれしそうです。今度は、男の子のおかわりです。女の子は、自分の席に戻らず、男の子が入れやすいように、スープの入れ物を男の子がしてくれたのと同じように、傾けました。

どのようにしたら、こんなすてきな子どもたちが育つだろうかと思います。親御さんの「智の遺伝子」が二人にしっかり受け継がれているのです。日常の家庭における小さな場面での親の姿を子どもたちは目にし、「智の遺伝子」のスイッチがＯＮに入るのでしょう。

第2章 やさしい子になるためのお話

幼児・低学年向き

「動物の世話は大変よ」と言うよりも

6　メダカのお母さん

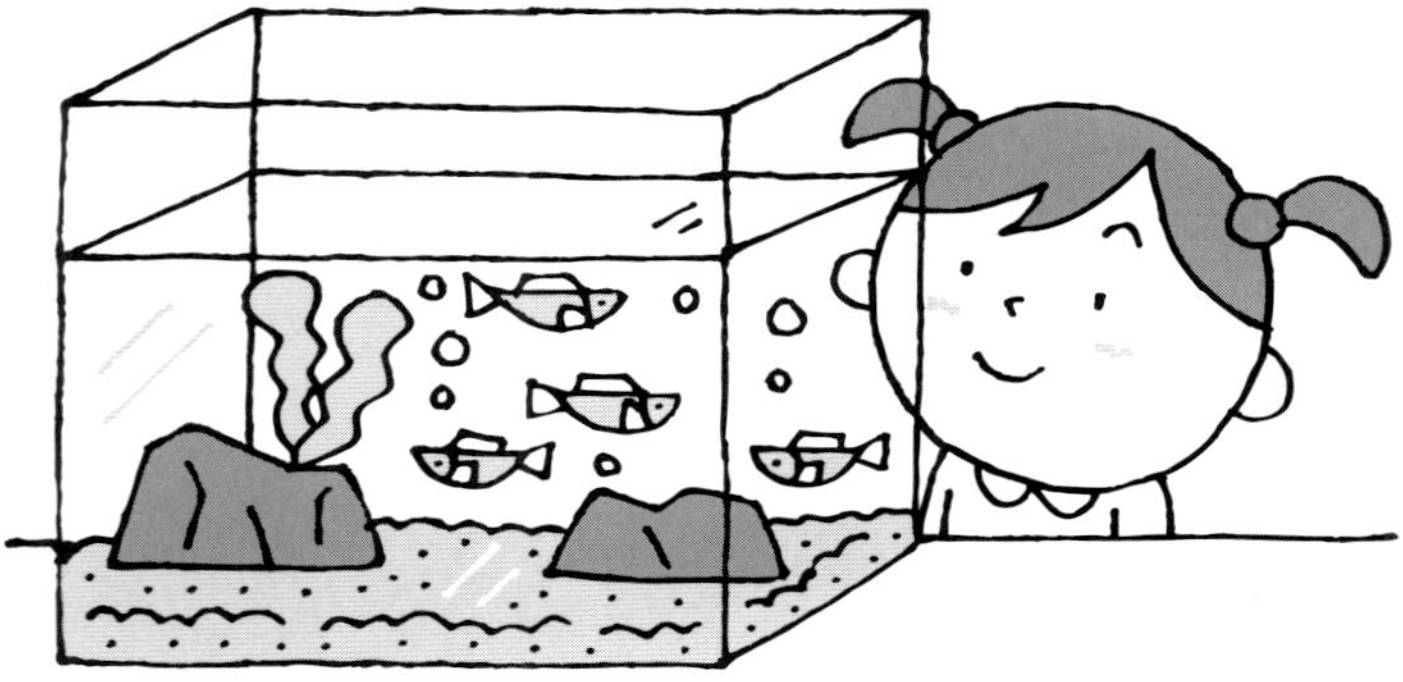

ともちゃんは一年生。お友だちがペットを飼っているのがうらやましくてたまりません。

「私も何か生き物を飼ってみたいな」

お母さんに何度もお願いしましたが、なかなか許してくれません。

「うちは昼間みんな仕事や学校に行ってしまうでしょう。かわいそうよ」

「それに、生き物を世話するってたいへんなのよ。ともにできるのかな?」

お母さんはいつもこう言うばかりです。

ある日、お父さんにお願いしてみました。お父さんは動物が大好き。小さい頃にはいろんな生き物を飼っていた、とおばあちゃんに聞いていたからです。

「とも、何が飼いたいんだい?」

お父さんに聞かれてともちゃんは、一生懸命に話しました。

「メダカがいいの。留守番をさせてもさびしがらないでしょう。泣かないから迷惑もかけないよ」

話が終わると、お父さんが言いました。

「ただ、飼いたいというだけじゃだめだよ。メダカのことをよく調べて、本当に飼えるのか、もう一度考えてごらん」

それから、ともちゃんのメダカ研究が始まりました。

学校の図書室や町の図書館で、メダカの本を何冊も借りました。メダカを飼っているお友だちの家にも見にいきました。

調べてみると、初めて知ることがいっぱいです。メダカでも病気やけがをすること、ふんをして水が汚れてしまうこと、一週間に一度は水を変えること……。

「メダカも私と同じ。ご飯も食べるし、うんちもするんだな」

ともちゃんは「お世話する」という言葉の意味が、少しわかったような気がしました。

そんなともちゃんの様子を、お父さんとお母さんは黙って見ていました。

春休みに入った最初の日曜日。お父さんが、お友だちからメダカを分けてもらってきました。

「うわあ、お父さん、これ飼ってもいいの？」

「ともは、一生懸命メダカのことを調べていたからね。ずいぶんメダカに詳しくなっただろう。これならきっとメダカのいいお母さんになると思ってね」

メダカのお母さんになったつもりでお世話する。ともちゃんは、お父さんと約束しました。

飼い始めてみると、思っていたよりずっとたいへんです。弱っていた一匹が死んでしまったとき、ともちゃんは怖くて触れませんでした。

「生き物を飼うということは、最後まで面倒を見てあげることだよ」

そういうお父さんと、お墓も作りました。

水槽は汚れるとぬるぬるして、イヤなにおいがします。でも、ともちゃんがやるしかありません。

「もう、イヤ！」と面倒になり、お母さんに叱られたこともあります。

でもうれしいこともたくさんあるのです。我慢して掃除をして、きれいな水に入れてあげると、メダカたちは気持ちよさそうに泳いでいます。朝、ともちゃんが水槽に近づくと、エサを欲しがって集まってきます。

そんなとき、ともちゃんはメダカがかわいくてたまりません。いまのともちゃんの願いは、メダカの赤ちゃんを誕生させることです。

「大事に育ててあげるからね。早く大きくなって卵を産んでね」

ともちゃんは、卵を見つける日を楽しみにしています。

向山先生のアドバイス

動物を飼うと「死」についても貴重な学びがあります。

五年生で「メダカ」の学習があり、世話をします。教室で育てていたメダカが卵を産み、ふ化し、稚魚がいっぱいになったことがあります。四百匹近い稚魚を丁寧に、毎日毎日、世話をした男の子がいました。自然淘汰で、かなり多くのメダカは死んでしまいましたが、教室で何匹も育ちました。ともちゃんの気持ちがよくわかります。

金魚も同様です。エサを毎日あげると、水槽に近づいただけで、金魚たちはエサをおねだりします。世話をすることで、生き物たちと心を通わせ始めます。

同時に、「死」についても貴重な学びがあります。メダカが一匹死んでも金魚が一匹死んでも、悲しくて悲しくて、そこから子どもたちは「命」について学ぶのです。

COLUMN

トーマス・エジソン

発明王

エジソン、小学校を退学させられる

エジソンは、子どもの頃、「なぜ」を連発し、好奇心旺盛な子どもでした。

しかし、小学校に入学してまもなく、退学させられてしまいます。一たす一は二と教えられても、一個の粘土と一個の粘土を合わせたら、大きな一個の粘土なのになぜ二個なのかと先生に質問して先生を困らせ「エジソンの頭は腐っている」と言われるほどでした。そのため、母親のナンシーがエジソンを教えることになりました。

エジソンは、地下室を実験室として与えられると、寝ることや食べることも忘れ、次々と実験をくり返して疑問に思ったことの答えを探そうとしました。また、ナンシーは、歴史・数学・電気・文学なども教えました。毎日三冊は、本を読み、生涯に一万冊は、本を読んだと言われています。

エジソンの「天才は、一％のひらめきと九十九％の汗」という有名な言葉は、努力の大切さを物語っています。

幼児・低学年向き

「友だちできたの」と言うよりも

7 友だちづくりのまほうの言葉

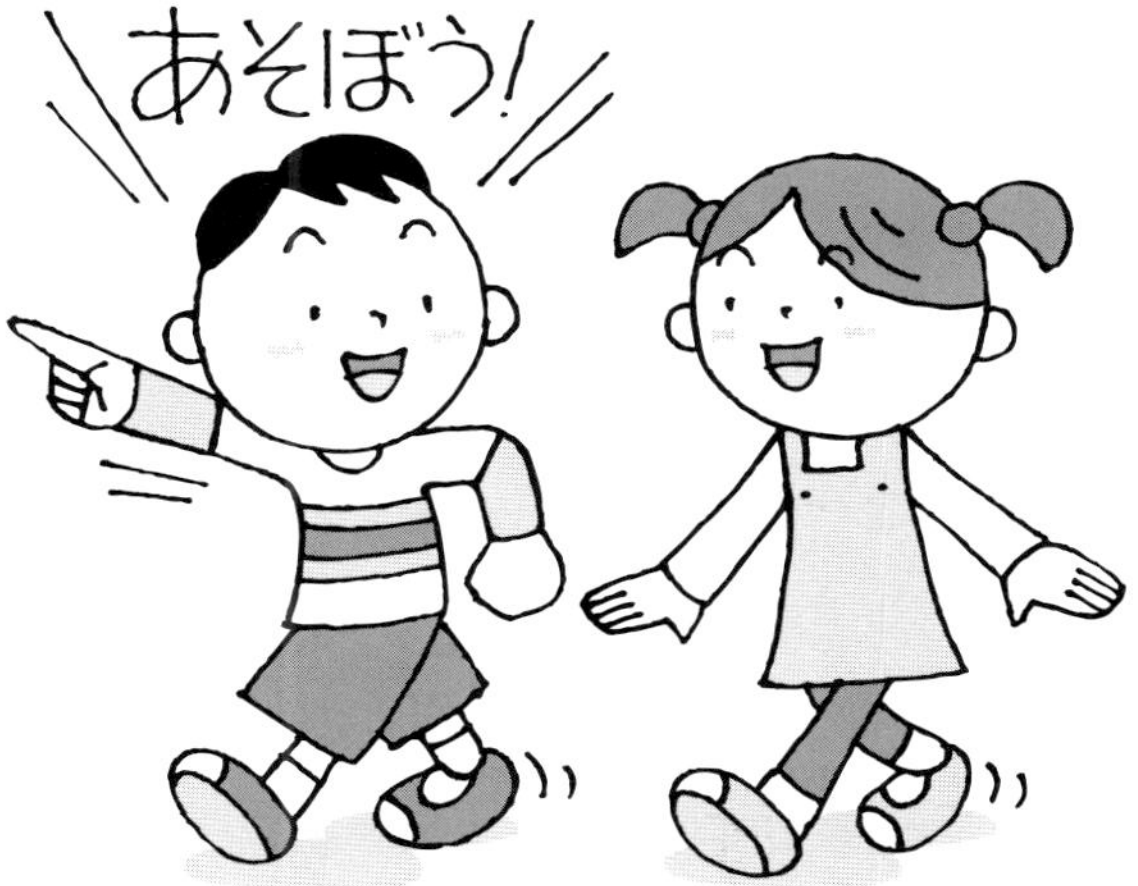

ミユキちゃんは、一年生。今日は入学式です。前から用意していたお気に入りの服に、真っ赤なランドセルを背負って、お父さん、お母さんといっしょに学校にやってきました。

写真を撮ってもらったり、ビデオを撮ってもらったり、今日は楽しいことばかりです。ミユキちゃんは学校から帰っても、名札がついた服を脱ぎたくないくらい学校が楽しかったのです。

ところが次の日、学校に行ってみると、様子が違いました。ミユキちゃんの周りには、知らない子どもばかりでした。名前も知らない、顔も見たことのない子どもたちが、クラスの中にたくさんいるのです。ミユキちゃんは、少し離れた保育園に通っていたので、同じ小学校に通うお友だちがいなかったのです。

ミユキちゃんは、寂しくなってきました。お隣の席の子に話しかけたくても、なんと声をかけていいのかわかりません。ミユキちゃんは、休み時間も一人でした。

お隣の子は、幼稚園がいっしょのお友だちと遊んでいます。よく見ると、クラスのほかの子は、幼稚園が同じだったり、おうちが近所だったり、お互いに仲良しのようです。名前を呼び合って、話したり遊んだりしています。

ミユキちゃんは、がっかりしながらお家に帰りました。

「どうしたの？　元気がないようね」

と、お母さんが聞きました。

「学校に知っているお友だちがいないの。ゆうなちゃんもけんた君も違う学校だし、ちょっと寂しいな」

　すると、お母さんが、

「じゃあね、お友だちができる魔法の言葉を教えてあげる」

と、言いました。

「いっしょに遊ぼう。そう言えばいいのよ。明日、学校でお友だちにそう言ってごらん」

　本当でしょうか。でも、ミユキちゃんが困っていると助けてくれるお母さんの言葉です。ミユキちゃんは、きっとうまくいくだろうと思って安心しました。

　次の日です。朝、学校に行くと、何人かのお友だちが教室で話をしていました。ミユキちゃんに気がつくと、

「おはよう！」

と言ってくれましたが、その後はまた自分たちの話を続けていました。ミユキちゃんは、ちょっとドキドキしました。昨日お母さんが教えてくれた魔法の言葉を使おうかな……と考えているうちに、チャイムが鳴って先生がいらっしゃいました。

「どうしよう。言えなかったよ……」

　ミユキちゃんはちょっと残念でした。

　さあ、いよいよ休み時間になりました。ミユキちゃんは、思い切ってお隣の子に言ってみました。

「いっしょに遊ぼうよ」

すると、その子はにっこりして、

「いいよ。お外のジャングルジムに行ってみようよ」

と、言ってくれました。それから二人は休み時間の間中、ジャングルジムをぐるぐる回って遊びました。次のチャイムが鳴ったとき、

「おもしろかったね。お昼休みもここで遊ぼうね」

汗をふきふき、ミユキちゃんに言いました。

ミユキちゃんは心の中で、お母さんの言ったことは本当だったんだ、と思いました。

もちろん、それからミユキちゃんは、何度も魔法の言葉を言って、たくさんの友だちを作りました。

向山先生のアドバイス

友だちができるかどうかも、親の姿勢が大事です。

最近は、友だちづくりが苦手な子が増える傾向にあります。入学して一か月たっても、「ぼくには友だちがいない」と答える子が五人（クラスの十五パーセント）もいたクラスがありました。全員、男の子でした。

心配になって、休み時間の様子を見てみると、学校の中を一人で歩いていたり、教室でお絵かきをしていたり、お友だちが遊ぶのを見て

いたりと、さまざまです。教師が中に入ってあげれば遊べるようにはなるのですが、結局、自分の力で友だちを作ることはできません。

幼いとき、公園の砂場で遊ばせていると、いつの間にか近くの子といっしょに何かを始めることがよくあります。親があまり外に出ていかないため、そうした場面を経験してこなかったこともあります。

逆に、誰とでも仲良くできる友だち作りの天才のような子もいます。親御さんはいつも、「にこにこ笑顔」です。子どもを信じて見守っているようです。

ここでもやはり親の姿勢が関係してきます。

COLUMN

アンデルセン

童話作家・詩人

夢や希望を見続けた少年時代

アンデルセンは、お父さん、お母さんと三人で暮らしていました。生活は苦しく、とても貧しい生活でしたが、両親はアンデルセンを愛していました。お父さんは、夜になると自分が好きな本や芝居を読んで聞かせていました。時には、手作りの人形で人形劇をして見せることもありました。その影響もあり、アンデルセンは読書や芝居が大好きな少年となりました。読んだり聞いたりするうちに、本の主人公たちのように苦労を乗り越えて、「いつかお城に住みたい」「有名になって偉くなりたい」と夢をもつようになりました。

大人になったアンデルセンは、「裸の王様」や「みにくいアヒルの子」などたくさんの童話を書き残しました。

幼児・低学年向き

8 痛いのは自分だけ？

三歳の男の子が家のなかで遊んでいました。ゲームをしたり、ヒーローの人形で遊んだり、走り回ったり楽しそうでした。近くにはお母さんがいて、洗濯物をたたんでいました。男の子の周りには、特にけがをしそうな物も置いていなかったので、お母さんがときどき男の子のほうに目をやりながら、洗濯物たたみに精を出していました。

「ぎゃーん！」

突然、大きな泣き声が家中に響き渡りました。男の子は走り回っているときに、不注意から机の角に頭をぶつけてしまったのでした。お母さんは、すぐに男の子のもとに駆けつけました。そして、男の子を抱きしめ、

「あらあら、たいへん、痛かったわね。大丈夫、大丈夫」

お母さんはやさしく男の子の頭を、何度も何度もなでてやりました。

少し落ち着いた男の子は、キッと机をにらみつけました。

「ぼくがこんな痛い目にあったのは、この机が悪いからだ！」

とでも言いたげな表情です。

そんな男の子の気持ちを察したのでしょうか、お母さんは言いました。

「痛かったわね。頭をぶつけてほんとうに痛かったでしょう。でもきっとこの机も頭をぶつけられて痛かったでしょうね」

お母さんは、そうやって男の子が頭をぶつけた机の角のあたりを、なではじめました。

「痛くない、痛くない。机さんも頭がぶつかってきてびっくりしたでしょう。でも痛くない、痛くない」

するとどうでしょう。男の子も同じように机のその場所をなではじめたのです。

「机さん、ごめんね。痛くない、痛くない」

頭をぶつけたことで、男の子の心のなかは、痛い気持ち、怒りたい気持ちでいっぱいでした。ここで、一気に腹を立てたらどうなっていたことでしょう。ますます、痛い気持ち、怒りたい気持ちが大きくなっていったに違いありません。まさに、「火に油を注ぐ」ことになったのです。

でも、お母さんがやさしく男の子を落ち着かせ、「机も痛かったのだ」というような言葉がけまでしてくれました。これで、男の子は腹を立てることなく気持ちを穏やかにすることができました。そして、キッとにらみつけた机に対して、「痛くない、痛くない」となでてやることができるまでになったのです。よく周りを見ないで走り回っていた自分も悪かったと思ったかもしれません。

この男の子がもっと大きくなったら、だれかとぶつかるようなことがあったとき、ぶつかった相手を責めるよりも

「お互い痛かったね」

とやさしく声をかけられるような、そんな人になっていくことでしょう。

向山先生のアドバイス

相手のことも考えてみる、その気持ちがトラブルを解決します。

幼稚園や小学校で、自分の非を他のせいにする場面はよく見られます。廊下や校庭でぶつかっても、なかなか「ごめんなさい」という言葉は出てきません。それどころか「〇〇ちゃんが走っていたから・・・・」「ぼくは前を見ていたのに、そっちがよそ見してたから……」という具合です。

けんかの多くが、一言「ごめんね」と言えば起きない程度のことです。ほとんどの子どもは、謝られると少々痛くても、「いいよ」と答えます。目に涙をいっぱいためても、我慢します。そのうち痛みも和らいでいくようです。

子どものトラブルが多い学校は、親からの苦情も多くあります。子どもは、無菌状態で育ててはいけません。小さなトラブルは自分で解決する力を身につけさせなければなりません。ぶつかるとお互いが痛いことを、こうして言って聞かせることが、小学校に入ってから、たくさんの友だちと生活するなかで生かされることでしょう。

中学年・高学年向き

「ペットのお世話をしっかりしなさい」と言うよりも

9 パンダがやってきた

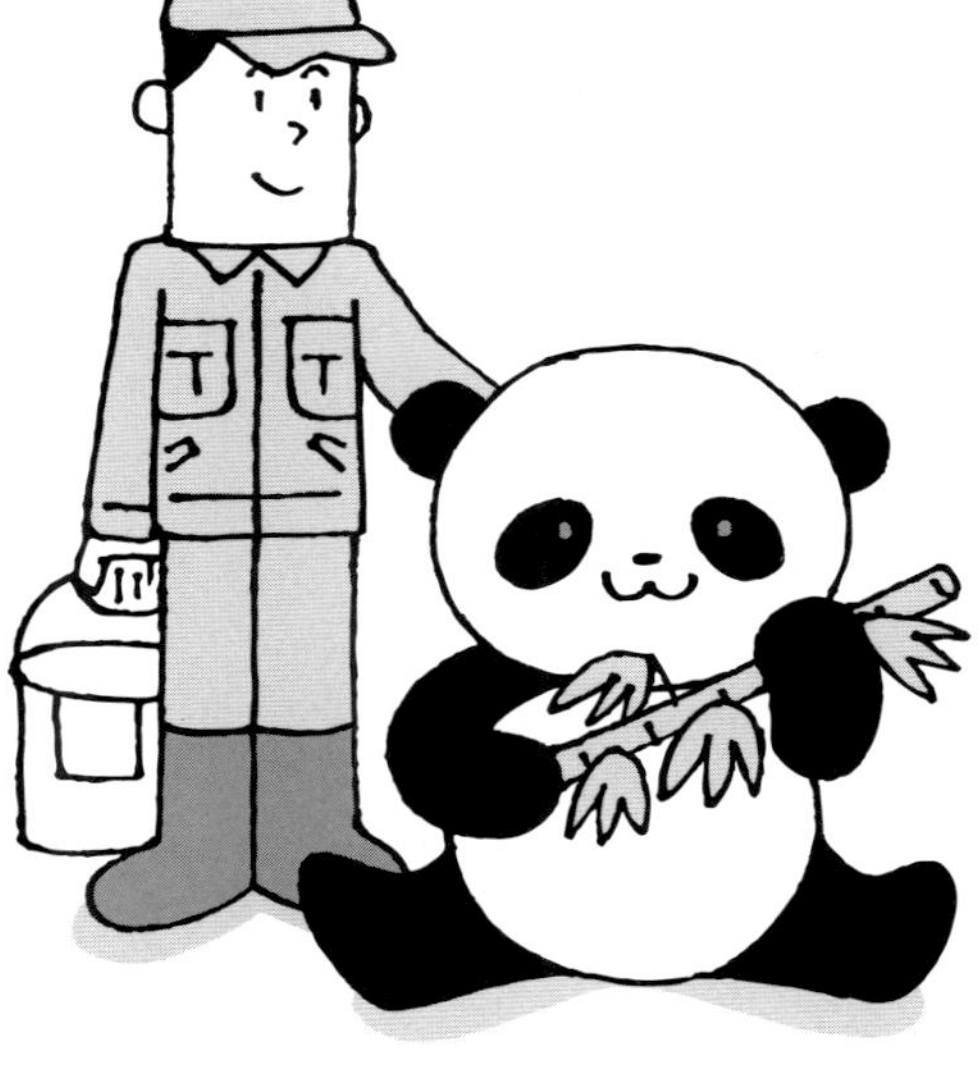

みなさんは動物を飼ったことがありますか？「飼」という字は、「食を司《つかさど》る」と書きます。飼っている動物の食べ物をどうするか、つまり命をどうするかは、すべて飼い主がにぎっているということです。

カブトムシ、ハムスター、カメなどなど。初めのうちは手に入れたうれしさや珍しさから一生懸命世話をしていたものの、やがて飽きてしまい、ほったらかし。世話の係はいつのまにかお母さんになっていたなどという人もいます。そんな人のためのお話です。

パンダが初めて日本にやってきたのは、一九七二年十月二十八日のことです。国と国との仲よしの印として、中国から日本へと二頭贈られたのでした。パンダは上野動物園に置かれることになりましたが、上野動物園の人たちはみな困ってしまいました。それまで日本では、パンダを飼うどころか、パンダを見たことも聞いたこともない人がほとんどだったからです。上野動物園の人たちも、誰もパンダの飼い方を知りませんでした。何を食べるのかさえ、よくわかっていなかったのです。

「パンダは竹を食べるらしい」ということで、ありとあらゆる竹や笹《ささ》が、枯れているものから新鮮なものまで手当たりしだいに集められました。しかし、上野動物園に入れられた二頭は食べませんでした。じつは、飼育係の人たちは間違えていたのでした。竹を食べると聞いて、竹の幹を細かく割いてパンダの前に出していたのですが、パンダが食べるのは幹ではなくて葉のほうだったのです。

みなさんだったら、パンダが竹や笹の葉を食べるということを知っていますね。いまでは、だれでも知っているようなこんなことさえ、そのころはだれも知りませんでした。幹に葉のついたまま与えると、パンダは幹をもってむしゃむしゃと葉を食べました。また、パンダは手でもって食べるため、葉だけ与えても食べないということもわかりました。

食べ物の次に飼育係の人たちが困ったのは、パンダが体調を崩したとき、どんな薬をのませればいいかでした。いろいろ考えたすえ、「中国の動物だから同じ中国の薬である漢方薬が効くのではないか」と考え、薬屋さんで人間用の漢方薬を買いました。それをパンダの食べ物にまぜ、いつもと変わらない様子でパンダに与えました。パンダはとても臆病《おくびょう》です。いつもと違うことがあると、すぐに体調を崩してしまいます。動物園で体調を崩したのは、毎日多くのお客さんに見られつづけたストレスからでした。飼育係の人たちは、食べ物に薬が入っているとパンダに気づかれないよう、いつもと変わらない様子を心がけてパンダに与えました。幸い、そのときのパンダは薬入りの食べ物を食べ、元気を取り戻しました。

それから七年間、飼育係の人たちの努力のおかげでパンダは元気に動物園で過ごしていきました。七年後、二頭のパンダは病気で相次いで死んでしまいました。飼育係の人たちも一生懸命看病したのですが、残念ながら命を救うことはできませんでした。

いまでも上野動物園には、その後中国から贈られたパンダがお客さんの人気を集めています。いま、そのパンダが元気で毎日を過ごしているのも、かつての飼育係の人たちが必死にパンダの世話をして残した、百冊をこえる飼育日誌に書かれたさまざまなデータのおかげだということです。

向山先生のアドバイス

責任をもって命を育てることで、子どもは大きく育ちます。

小学校三年生のひろし君が、朝登校してきて、自分の席に座ったまま動きません。具合でも悪いのだろうと、担任の先生は、「おなかでも痛いの？」とたずねます。ひろし君は首を横に振り、大粒の涙をボロボロっと出して、何も答えません。「だれかにいじめられたの？」首を横に振ります。一緒に登校してきた男の子が、先生の耳元でつぶやきました。「飼っていたウズラが、朝死んじゃったんだって」

先生は、やっと理由がわかりました。先生は言いました。

「天国にいったウズラが見ているよ。元気のないひろし君を見て、『元気出して、頑張って』って言っているよ」

ひろし君は、やっと顔を上げました。

飼っている動物の死と直面することは、悲しいことですが、その子にとってとてもよい経験なのです。命の大切さ、責任感など、たくさんのことを教えてくれます。

中学年・高学年向き

10　トンボを助けたゴルファー

修君は、昆虫が大好き。友だちからは『虫博士』なんて言われるくらい、虫のことには詳しいのです。

「これは、オオカマキリの卵。乾いたスポンジみたいだろう。だから雨とか雪とか降っても仲間で水が入らなくて、幼虫を守っているんだよ。春には百匹以上の幼虫が出てくるよ」

「このイガイガした幼虫は、たぶんニジュウヤホシテントウだな。トマトやナスの葉を食べる害虫なんだ。てんとう虫の仲間には、ナナホシテントウやアカボシテントウみたいに、他の害虫を食べるやつもいるんだけどね」

「修君ってすごいよね。ファーブルみたい」

「なんでそんなに詳しいの？　もっと教えて」

なんて、クラスの友だちから言われて、ちょっぴり恥ずかしいけれど、結構うれしい修君。

でも、お母さんは毎日たいへんです。なぜって、修君があちこちから捕まえてくる昆虫が部屋の中に逃げ出したり、昆虫の死骸が転がったりしていることもたびたびあるからです。

「まったく、うちはどうして一年中、虫ばかりいるのかしら。もう少しきちんと世話をしてくれるといいのだけれど……」

そんなある日、学校で道徳の授業がありました。修君の先生は、黒板にこう書きました。

「弱いものにもやさしく」

そして、こんな話を聞かせてくれたのです。

「みなさんは、ゴルフというスポーツを知っていますか？　広い芝生のコースに出て、決められた数でボールを打ち、小さな穴に落とすスポーツです。集中力と体力が勝負。一打の差が試合結果に大きく影響するのです。

さて、これからお話しするのは、本当にあったお話です。あるプロゴルフの大会中のこと、福澤義光という選手が自分の番になり、ボールを打ちました。ボールはぐんぐん飛んでいきます。見えなくなったボールを追いかけ、試合を観戦しているお客さんと一緒に歩いて行く福澤選手。

やっとボールを見つけ、次の一打を打とうとしたその時です。福澤選手は、その場にしゃがみこんで、手でボールを持ち上げてしまいました。ゴルフのルールでは、ボールを動かすことは禁止されています。見ていた観客は、みな驚きました」

話を聞いていた修君は黙っていられず、

「先生、その選手、ルールを知らなかったの？」

と質問しました。

「そんなはずないよ。プロなんだから」

友だちの哲也君も声をあげました。

先生は、にっこり微笑んでお話を続けました。

「もちろん、ルールは知っていました。福澤選手がボールを動かしたのは、じつはトンボのためだったの」

「ええ!?」

「どういうこと?」

今度はクラスのみんなが声をあげました。

「偶然、芝生にとまっていたトンボの上に、転がってきたボールがぴたっと止まってしまったの。そのままボールを打てば、トンボは死んでしまう。ルール違反だとは知っていても、福澤選手はボールを手で動かし、トンボを逃がしてあげたのです」

修君は考え込んでしまいました。

「ぼく、虫が大好きなのに、虫には優しくしたことはないな……」

その日、修君は学校から帰ると、お母さんに言いました。

「お母さん、キュウリある? ニンジンでもいいよ。かたつむりにエサをあげるんだ。それからアゲハチョウのさなぎのそばに、木の枝を置いておかなくちゃ。羽化するとき、捕まるところがないとかわいそうだもの」

そんな修君の様子を見て、お母さんはニコニコ微笑んで言いました。

「冷蔵庫にニンジンがあるわよ。ついでにおやつも入っているからね。手を洗ってから食べてね」

「はあい」

修君は元気に返事をしました。

向山先生のアドバイス

好きなことと大切にすることは違います。

　虫などの生き物が好きなことと、生き物を大切にすることとは、違います。多くの男の子たちは虫が大好きですが、大切にできる子はあまり多くはいません。さんざん遊んだあげく、放りっぱなしという子が多くいます。でも、なかには本当に生き物が大好きで、大切に世話をする子がいます。

　多くの学校では、五年生は「メダカ」、四年生は「かいこ」、三年生は「モンシロチョウ」、二年生は「ザリガニ」を育てます。どの学年のどのクラスも、男の子たちが大活躍。いつもはやんちゃな男の子たちが、やさしさを見せてくれるときです。やんちゃたちがやさしく世話をする様子を見て、かいこやザリガニ、青虫にさわれなかった子たちがさわれるようになるのです。そんな教室には学びがたくさんあります。

中学年・高学年向き

11　きつねさんとうさぎさん

ある日、きつねさんとうさぎさんが、一緒に畑仕事をしていました。

「うさぎさん、こんなに働いてがんばったから、きっとたくさん収穫できるね」

「そうだね、きつねさん二人で半分にしましょうね」

そこで、きつねさんはこう言いました。

「こうしましょう、うさぎさん。土から上に出たものはうさぎさんのもの、土から下にでてきたものはぼくのものにしませんか」

うさぎさんは、いい考えだと思い賛成しました。毎日、二人は力をあわせて畑で働き、収穫の日を迎えました。

「約束どおり、ぼくは土から下のものをもらいますよ」

きつねさんは、土の下から大きく太ったにんじんを抜いて、みんなもって帰りました。

うさぎさんは、土の上に残ったにんじんの葉っぱばかりをもって帰りました。

春がやってきました。きつねさんとうさぎさんは、また畑で働くことになりました。うさぎさんは、緑の苗を植えながら、

「きつねさん、今度はぼくが土から下のものをもらってもいいですか」

と、言いました。

「もちろんいいですとも」

二人は、毎日毎日働きました。

そして、収穫の日がやってきました。

「うさぎさん、それでは土の上のものはぼくがもらっていきますね」

と、きつねさんは土の上に実った赤い実を全部持って帰りました。二人が植えたのは、トマトだったのです。うさぎさんは、悲しそうな顔をして、トマトの根っこばかりの畑を見ていました。

それからしばらくたって、きつねさんとうさぎさんは、また畑に立っていました。うさぎさんは、きつねさんにお願いしました。

「きつねさん、今度はぼく一人で仕事をするから、畑でできたものはみんなぼくのものにしたいんだ。いいでしょう」

きつねさんは、少し考えましたが、

「いいですよ」

と、畑をあとにし、おうちに帰りました。そして、これまでのことを考えてみたのです。

毎日、毎日、うさぎさんは畑で働きました。きつねさんは、少しばかり心配になってきました。そういえば、朝早く畑に来ていたのは、うさぎさんでした。夏の暑い日に、草取りをしていたのも、うさぎさんでした。水やりをしていたのも、支柱を立てたのも、みんなうさぎさんだったような気がします。それに比べて、自分はどうだったでしょう。草取りをしながら、手を動かすよりおしゃべりに夢中だったかもしれません。暑い日には、木陰で休んだことが、うさぎさんより多かったかもしれません。それに、ほんとうは植えたのがにんじんとトマトだとわかっていたのです。

二回も自分勝手なことをしたから、いくらなんでもうさぎさんは許してくれないでしょう。きつねさんは、悲しくなってきました。もう、ふたりで仲よく畑仕事をすることはできないのです。仲よしの友だちをなくしてしまったのです。

そんなある日、きつねさんの家にうさぎさんがやってきました。うさぎさんの手には、きれいな花束があふれていました。

「きつねさん、誕生日おめでとう」

うさぎさんは言いました。そうです、今日はきつねさんの誕生日。

「ぼくはね、畑でこの花を育てていたんだよ。君へのプレゼントにしたかったので一人で育てたかったんだ」

きつねさんは、うれしい気持ちと恥ずかしい気持ちでいっぱいになりました。うさぎさんは、自分勝手なきつねさんの誕生日をお祝いしてあげようとお花を育ててくれたのです。こんなにやさしい友だちをもって幸せ者だとうれしくなりました。でも、そんなやさしいうさぎさんに、自分はなんて悪いことをしていたのかと思うと、ほんとうに悲しくなりました。

「ありがとう、うさぎさん。でも、ぼくは君に悪いことをしちゃった。ごめんなさいね」

「いいんだよ、ぼくたちは、友だちだもの」

「許してくれるんだね。ぼくたち、また友だちになれてうれしいよ」

きつねさんとうさぎさんは、二人でお誕生日パーティーをしました。

きつねさんは、もう自分勝手なことをすることはないでしょう。だって、ほんとうのお友だちのやさしさと、人を信じる気持ちを知ったからです。

向山先生のアドバイス

たくましさもやさしさも、あわせもった子どもに育てましょう。

誠実でやさしいうさぎと、ずるがしこいきつねが登場します。幼稚園や小学校低学年の子どもたちも同様です。人のいい、のんびり穏やかな子どもと、要領がよく、ちょっとずるさを身につけた子どもとに分かれます。

多くの場面で、人のよさがずるさを包み込みます。子ども同士に限らず、トラブルの多くは、ずるさとずるさがぶつかるときに生じます。現実は、うさぎさんのようなやさしさで、ずるい人を許すことはなかなかできません。また、きつねのように、自分のしたことを振り返ることができる子はほとんどいません。このお話では、きつねは、友のいない寂しさを味わって、友だちのすばらしさと自分の行為について反省します。

うさぎのようにやさしく育ってほしいと願うと同時に、きつねのようにたくましく生きる力をもちながら、やさしさに気づく人に育ってほしいと思うのです。

第3章

がんばる子になるためのお話

幼児・低学年向き

12 根性のあるチューリップ

チューリップの球根は、植木鉢のどのへんに植えたらいいでしょうか。

①鉢の真ん中あたり
②鉢の上の方
③鉢の底の方

子ども達は、幼稚園で植えたことがありますから、①に手を挙げるでしょう。「そうだね」と言っておきましょう。（この場合、どれでも芽は出て花は咲きます）

さて、次は、チューリップの球根を取り上げてみんなに見せます。

「これがチューリップの球根ですね。チューリップの芽はこのとがっているところから出てきます。では、チューリップの球根はとがっている方をどっち向きに植えたらいいでしょうか」

①上向き
②横向き

③下向き

きっと子ども達は「上向き」と答えるでしょう。

子ども達に話して聞かせましょう。

「普通は球根を上向きにして植えます。でもね、チューリップの球根は横向きに植えても下向きに植えても、ちゃんと芽が出て、茎が伸びて花が咲くのですよ。横向きや下向きではちょっとお花の背が低くなります。咲くまでにちょっと時間がかかります。でも、ちゃんと伸びてちゃんと咲いてくれます」

（スイセンやヒヤシンスではこのようになりません）

「チューリップは困ったことがあってもそれに負けません。上向きに植えてもらえなくても、どっちが上かな、こっちかなと、土の上を目指して伸びる、あきらめない球根なのです」

ずっと前のことです。一年生のお友達とチューリップの球根を植えました。球根を二つずつ植えました。

冬が過ぎ、どの子のチューリップの鉢にもかわいらしい芽が二つ出ているのに、一人だけ出てきていない鉢があります。きっとそのうちにと思っていたのですが、なかなか出てきません。まさか、植えていないのかなと心配になりました。すごく心配になったので、その子の鉢を、そっと手で上のほうの土をどかして探してみたのです。ん、何だろう？　へんだぞ、なにか根っこのようなものが上のほうに伸びて生えているのが見えます。そこでわけがわかりました。その子がチューリップの球根を横向きと下向きに植えたことです。

やがて、その子のチューリップもみんなから遅れて一つ、また少したって、一つ芽を出しました。春になってみんなのチューリップが無事咲きました。その子のチューリップもみんなからちょっと遅れてちゃんと咲きました。

どのチューリップも咲き終わり、片づける時がやってきました。さて、その子のチューリップはというと、こんなふうになっていたのです。

チューリップの茎は、カーブして上に伸びていました。下向きに植えたチューリップの茎は見事なUカーブでした。この二つのチューリップをみんなに見せました。みんなはびっくりしていました。そしてそのカーブチューリップに大拍手をしました。

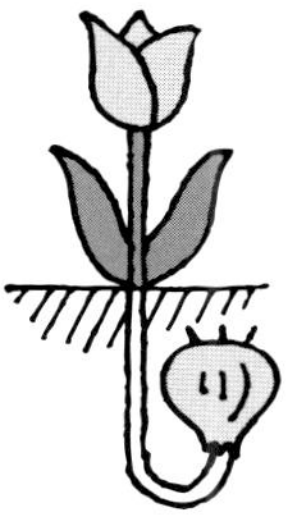

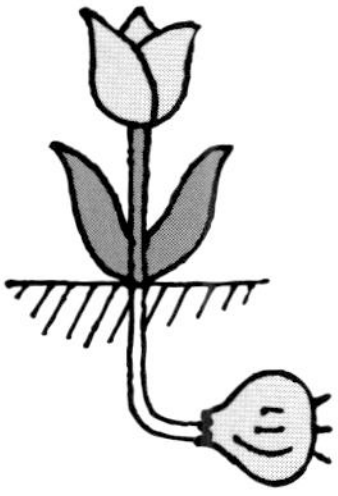

向山先生のアドバイス

植物の生命力の素晴らしさがあたたかい応援になります。

秋になると、学校では、チューリップの球根を植えます。低学年は生活科、高学年でも園芸委員会の活動などで、多くの子どもたちが経験しています。

同じ日に球根を植えても、同じように芽を出してはくれません。なかなか芽が出ない球根もあります。人間もそんなにそろって同じように何でもできるようにはなりません。

そんな時に、わが子が心配で、ついつい「もっと頑張って」「大丈夫すぐできるようになるよ」と言ってしまうこともあるでしょう。苦手なことも、時間が経てばいつの間にかできるようになったり、ある日突然できたりすることがあります。

身近な植物の力を伝えることで、あたたかく応援してあげてください。

幼児・低学年向き

13 だいじょうぶ、できるよ！

ゆかちゃんとさきちゃんは、大の仲良しです。家が近所なので、毎日、一緒に遊んでいます。二人とも、好きな動物は犬、好きな食べ物はハンバーグと、好きなものも似ています。

学校からの帰り道のことです。ゆかちゃんが、

「明日の体育は、鉄棒だね。楽しみだなあ」

と、言いました。ゆかちゃんは鉄棒が得意なので、鉄棒の時間が楽しみで仕方ありません。それを聞いたさきちゃんは、暗い顔をしながら、

「私は、鉄棒の時間がイヤだなあ……」

と、言いました。さきちゃんは、鉄棒が得意ではありません。鉄棒の前に行くと、ドキドキしてしまいます。そこで、二人は鉄棒の練習をすることにしました。

しかし、さきちゃんは、見ているだけで近寄ろうともしません。ゆかちゃんが、

「さきちゃん、練習をやろうよ」

と言っても、

「私には無理だもん。できないもん」

と言って、後ろに下がっていきます。ゆかちゃんが鉄棒の練習をするのを、黙って見ています。しばらくして、

「さきちゃん、練習しようよ」

と、再び声をかけても、

「だって、私にはできないもん」

と言って、今度はそっぽを向いてしまいました。結局、さきちゃんは一度も鉄棒を触りませんでした。

次の日、さきちゃんは学校をお休みしました。ゆかちゃんは心配なので、さきちゃんのおうちに行ってみることにしました。

「さきちゃん、どうしたの？　学校を休んだから心配したんだよ」

「心配してくれてありがとう。今日の鉄棒のことを考えたら、おなかが痛くなってきたの。だって、私は鉄棒が苦手なんだもん」

「昨日の練習のときも、一回も鉄棒に触らなかったね」

「だって、鉄棒の近くにくるとドキドキするんだもん」

「そうだったんだ。でも大丈夫。さきちゃんならきっとできるから、もう一回、練習してみよう」

「うん、わかった」

ゆかちゃんの励ましによって、再び、鉄棒の練習をすることにしました。そして、昨日と同じ公園へと向かいました。

「大丈夫だよ、さきちゃん。きっとできるよ。やってみようよ」

ゆかちゃんは励まします。

「ゆかちゃんにそう言われると、なんだかできそうな気になってきたよ」

昨日とは違って、さきちゃんの顔が明るくなってきました。ゆかちゃんは、

「できるよ。大丈夫だよ、できるよ！」

と、さきちゃんを励まし続けました。

さきちゃんが、一歩、一歩と鉄棒に近づいていきました。そして、ついに鉄棒の前にきました。「エイッ」という力強い掛け声とともに、地面を蹴りました。さきちゃんは回ることができませんでした。

「おしい、さきちゃん。おなかをもっと鉄棒に近づけてみて。大丈夫、きっとできるから」

ゆかちゃんは、逆上がりのコツをアドバイスしました。さきちゃんは、あきらめず何度も挑戦しました。そして、ついにクルッと回ることができました。

「やったあ。さきちゃん。できた、できた」

「わーい。できた、できた。ゆかちゃんのおかげだよ。ありがとう！」

隣で見ていたゆかちゃんもクルッと回りした。二人はうれしくて何回も回りました。ママが迎えにくるまで、時間を忘れるほど、鉄棒で遊んでいました。

昨日のさきちゃんは、「自分にはできない」「無理」と言って、鉄棒に触ろうとしませんでした。友だちの励ましによって、さきちゃんは変わりました。「大丈夫」「自分はできる」と強く思うことによって、苦手だった鉄棒ができるようになりました。

「大丈夫。できるよ！　うまくいくよ」は友だちをパワーアップさせる言葉です。

向山先生のアドバイス

言葉に出して言ってみると実現することがあります。

「言霊」という言葉があります。口に出して言ったとおりになってしまうことがある、ということです。

「言霊」の話は、子どもたちにすると、とても効果的です。「できない！」と叫んでいた子が、「できる、できる」と、急にがんばり始める場面を何度も見ました。がんばっている子どもたちは、みな「夢が実現する」と思っているのです。だからがんばれるのです。

「できる」という言葉は、「よいしょ」と同じような掛け声のようなものです。「言ったとおりになるよ」という言葉も、おまじないのように心に入り込みます。

言葉に出したことを実現するために努力すれば、ほんとうにふしぎなことに、言ったとおりのことが実現してしまうことがあるのです。多くの人が経験したことでしょう。

お友だちと励ましあえると、できること、得意なことが二倍、三倍になっていきますね。

14 夢に向かって

中学年・高学年向き

ひかるちゃんは、テレビで見たダンサーがかっこよくて、ダンサーになりたいと強く夢見ていました。ママに頼んで、ダンス教室に通い始めました。

通い始めた頃は、楽しくて熱心に練習をしました。憧れのダンサーになれるかもしれないと思うと、ダンスをすることがうれしくてうれしくて仕方がありませんでした。

しかし、三か月を過ぎた頃から、なかなか思うように踊ることができず、失敗ばかりするようになりました。ほかのみんなは、どんどん上手になっていきます。気持ちは焦るばかりです。落ち込むことが多くなりました。

ダンス教室から帰ったある日のことです。

「ダンス教室、やめようかな……」

ひかるちゃんは、暗い顔をしながら言いました。

「ひかるは、ダンサーになりたいんでしょ？」

ママは、たずねました。

「なりたいけど、失敗ばかりでうまくいかないんだもん」

この言葉を聞いたママは、日本人女性として初めて宇宙に行った、向井千秋さんのお話を始めました。

向井さんは、宇宙飛行士になる前は、慶應義塾大学病院に勤めるお医者さんでした。十歳のころからお医者さんになりたいと思っていました。「病気で苦しんでいる人を助けたい」と、強く思ったからです。

そして、医者になる夢をかなえるために、十年以上かかりました。

「へぇー。十年以上かかって夢をかなえたんだ。すごいなあ！」

ひかるちゃんは、目を丸くして、驚きました。

「でも、なんでお医者さんが宇宙飛行士になったの？」

ひかるちゃんは、たずねました。

「それはね……」と、にっこり笑って、ママは続けました。

＊＊＊

向井さんが、お医者さんとして忙しく過ごしていたある日、たまたま「日本人宇宙飛行士募集」の新聞記事を目にしました。

そして、次の夢に向かって、応募することを決心しました。

宇宙飛行士になったら、世界各国の宇宙飛行士とチームを組んで、活動しなくてはいけません。仲間と仲よくなるためには、英語を話す必要があります。向井さんは、医者として働きながら、毎晩、英会話学校に通いました。

宇宙飛行士になるための試験は、一年半以上かかりました。難しい試験が次々にありましたが、見事合格して、向井さんは、ようやく宇宙飛行士になりました。

しかし、宇宙飛行士になったからといって、必ず宇宙に行くことができるとは限りません。宇宙に行くことができない宇宙飛行士は、世界中にたくさんいるからです。それでも、向井さんは「いつの日か、必ず宇宙に行くぞ」とあきらめませんでした。

一九九四年、ついに向井さんは、宇宙に行くことができました。

「宇宙から地球を見ることができたら、きっとすてきだろうなあ！」という夢がかなうのに、約十年かかりました。

自分の夢に向かってあきらめず、突き進んでいく向井さんは、日本人として初めて、二度目の宇宙飛行にも成功しました。

＊＊＊

ひかるちゃんは、ママの目を見ながらじっと聞いていました。

「向井さんってすごくかっこいい。自分の夢は、簡単にあきらめてはいけないね。がんばってみる」

ひかるちゃんの顔が明るくなりました。

（参考文献）『君についていこう（上）』（向井万起男著、講談社＋α文庫）

向山先生のアドバイス

大きな夢も、はじめの一歩があります。

向井千秋さんの宇宙飛行士としての夢の実現は、子どもたちより、大人たちに希望や勇気を与えるものでした。日常の雑事に追われる大人たちが自分を振り返るよいきっかけになりました。長い年月を経て夢をつかんだ向井さんは、「夢はかなう」を目の前に見せてくれました。向井さんに感謝です。

毛利さん、向井さん、そして野口さんはじめ、日本の宇宙飛行士の活躍は、日本中の人たちに「夢」を与えています。大きな夢も、はじめの一歩があり、実現には、長い道のりを歩いていくことになるのです。「夢は実現する」という信念が大切だということを、家族のそれぞれの立場で話し合ってください。

中学年・高学年向き

15　かわいくて強いタンポポ

さて、クイズです。春に咲く、黄色くてかわいいお花はなんですか。

春、野原や土手にたくさん咲いています。町の狭い道やコンクリートのあいだの土から顔を出して咲いていることもあります。

答えは、タンポポです。

「タンポポ」っていうかわいい名前はどうしてつけられたのでしょう。

ほんとうは、タンポポは、昔、「つづみ草」って呼ばれていました。タンポポのつぼみが、鼓の形に似ていたからです。「鼓」というのは、太鼓のようにたたいて音を出す楽器です。太鼓の「鼓」という漢字一字で、「つづみ」と読みます。

太鼓は「ドンドン」という音がしますが、鼓は、「タン、ポン、タン、ポン」と音がします。昔、子どもたちが、土手に咲く黄色くてかわいいつづみ草を見て、「タンポポ」と呼んだのが、この花の名前の始まりです。

春に咲くタンポポが、冬はどうしているか知っていますか?

冬のタンポポは、葉っぱを地面にしっかりつけて、じっとしています。葉っぱの上を冷たい風が吹いても、雪が乗っかっても、平気です。しっかり生きています。

ひとつの小さなタンポポの根っこはとても太くて、地面の奥まで、ずっと長く伸びています。掘り出そうと思っても、なかなか全部を掘り出すことができません。

タンポポは、冬のあいだは、じっと頑張って、春を待ちます。

春になると、タンポポはしっかり葉っぱを起こして、花を咲かせる準備をします。準備がととのうと、鼓の形をしたつぼみが、少しずつ花を開いていきます。外側の花びらから、少しずつ、花びらを広げていくのです。

タンポポの花が開くのに、四日かかります。一日目、二日目、三日目、四日目、ときちんと少しずつ計画的に開きます。天気がよくても悪くても、関係ありません。ですから、タンポポをよく知っている人は、タンポポを見ると、咲きはじめて何日目かわかるそうです。

タンポポの花が咲き終わって綿毛になるころ、タンポポは、もう一度、背伸びします。綿毛を遠くまで飛ばすために、花が咲いているときより、ずっと背が高くなるのです。背が高いほうが、遠くに飛んでいくことができますからね。

そして、ひとつひとつの種を綿毛が運びます。野原や土手、広々としたところにも飛んでいきますが、アスファルトの道路の隙間にも飛んでいきます。飛んでいった種は、そこで、また仲間を増やしていきます。

冬のタンポポのように、つらいときや困ったときやたいへんなときも、しっかり根を張って負けないでいると、楽しい季節がやってきます。

タンポポのように、自分で決めたことをきちんとやり遂げられるとすてきです。

小さなタンポポですが、とても頑張り屋さんだということが、よくわかりましたね。小さなタンポポが、たくさん知恵をもって生きていることもわかりましたね。

向山先生のアドバイス

野に咲く小さな花にも、生きる知恵や力があるのです。

春の野に咲くタンポポのすばらしい力についてのお話です。植物も動物も、生きているものには、それぞれに自然を生きぬく知恵や力があるのです。親子で、その知恵や力を見つけ、話したり、驚いたりできるとすばらしいです。

伸びる子どもの条件のひとつに「最後までやり遂げる」ということがあります。決めたことを辛抱強く、最後まで頑張ることと、タンポポの辛抱強さを重ねて話し合うといいでしょう。

親子で、春の土手や草原で、タンポポを見つけましょう。町のなかにも、ひとつだけ黄色い花をつけるタンポポを見つけることができることでしょう。タンポポの名前のいわれも、話して聞かせましょう。

自然の小さな花がもっている大きな力に親子で驚くことが、生きる力をはぐくむことにもつながっていくのです。

中学年・高学年向き

16　世界一おいしいごちそう

「お昼ごはんよ！」

昼食の支度を終えたお母さんが、息子の太郎君を呼びました。ところが太郎君はなかなかやってきません。テレビゲームに夢中になっているのです。

「もう、早くきなさい！」

怒ったお母さんは部屋へきて、ぱちんとテレビのスイッチを消しました。

「何をするの、いまいいところだったのに」

太郎君は口をとんがらせました。

「何するのじゃないでしょ。お母さんがごはんだと呼んでいるのが聞こえないの」

お母さんが言います。

「聞こえてたよ。今の敵を倒したら行こうと思ってたんじゃないか」

「いいから、すぐにきなさい！」

お母さんの剣幕に、太郎君はしぶしぶテーブルに着きました。

「おかずは何。あれ、野菜いためなの？　ぼく、野菜はきらいなのに」

太郎君はおかずを見てぶつぶつ文句を言いはじめました。

「野菜はとても栄養があるのよ。文句言わないで食べなさい」

太郎君はもそもそごはんを食べはじめましたが、おかずの野菜いためは半分ほど残してしまいました。

「ごちそうさま」

「あら、もう食べないの」

「もうお腹いっぱいだよ」

日曜日のこの日、太郎君は朝から家でごろごろしていました。あまりお腹もすいていなかったのです。嫌いな野菜いためを全部食べようとは思いませんでした。

お母さんは黙って食器を片づけました。

午後から太郎君は外に出かけていきました。いつもの公園で友だちと遊ぶ約束をしていたのです。

さんざん走り回って遊んできた太郎君は、夕方お腹をすかせて帰ってきました。

「お母さん、ただいまあ！　おやつちょうだい！」

ここでいつもならおやつを出してくれるお母さんが、今日はこう言いました。

「お帰りなさい。あと少しで夕ごはんだから、それまで待っていなさい」

「えぇー。いつもおやつくれるじゃない。ちょうだいよ」

太郎君は文句を言いましたが、夕ごはんになったのは、それから一時間以上もたってからでした。昼ごはんのおかずの野菜いためを半分残した太郎君は、お腹がすいてすいてたまりませんでした。

「ごはんよ」

待ちに待ったお母さんの声です。昼とはうってかわって太郎君はテーブルに飛んでいきました。おかずは魚でした。実は太郎君は魚も好きではありませんでした。しかし、お腹がとてもすいていた太郎君

は文句も言わず、

「いただきます！」

と言うと、もりもりごはんを食べはじめました。ごはんがいつもよりとてもおいしく感じられました。嫌いな魚も、あっという間に平らげてしまいました。

「ごちそうさま、ああ、おいしかった。お母さん、今日のごはんは特別おいしかった気がするよ」

太郎君がそう言うと、お母さんは、次のような話をしました。

昔々、あるところにとても食いしん坊の王様がいました。王様は世界でいちばんおいしいものが食べたいと言って、いろいろな料理人を呼んできて料理をつくらせましたが、王様が満足する料理をつくれる人はいませんでした。

そんなある日、一人の男がやってきて、「世界一おいしいごちそうを食べさせてあげましょう」と王様に言いました。ただしそれには条件がひとつあって、自分の料理を食べるまで、ほかに何も食べてはいけないということだったのです。王様はとても喜び、いまかいまかと料理を待ちました。

ところが、一日たち、二日たっても、男は料理をつくりません。王様はお腹がすいて倒れそうでした。三日目、やっと男は料理をつくって王様の前に出しました。それはだれが見ても、とくに変わったところもない、ありふれた料理でした。ところが、王様はおいしいおいしいと料理を食べ、「こんなうまいものは食べたことがない」と、男にごほうびをくれたということです。

「へえ、その男はどんな方法で料理をつくったの？」

話を聞き終わった太郎君はお母さんに聞きました。

「何の方法も使わないわ。料理をおいしく感じたのは、王様がとてもお腹をすかせていたからよ」

「お腹をすかせていたから？」

「王様は、生まれてから一度もお腹がぺこぺこな思いをしたことがなかったんでしょうね。なんといっても王様だもの。空腹は最高の調味料であるという言葉があるの。お腹がすいていると、ごはんをとてもおいしく食べられるということよ。男は、王様のお腹をすかせてから料理を食べさせたということなのよ。この王様、だれかに似ていない？」

言われて太郎君はすぐに気がつきました。

「あ……、今日のぼくだ」

「太郎もお腹がすいていたから、嫌いな魚も文句も言わず食べたのよね。お腹がすいているときのごはんは、とてもありがたいでしょう？　ごはんというものはとてもありがたいものなのよ。でも。お腹があまりすいてないと、人は今日のお昼の太郎みたいに食べ物を粗末にしてしまいかねないわ。お母さんは、太郎にそれに、気づいてほしくて、今日はおやつを抜きにしたのよ」

お母さんの言葉に、太郎はとても反省しました。以後、食べ物に文句を言うようなことはなくなったということです。

向山先生のアドバイス

食べられることの幸せを、子どもに実感させせましょう。

飽食の時代、食べ物を粗末にしたり、わがままや好き嫌いを言ったりしがちです。自分では気づかないことも、お話の王様のことなら理解できる子もいることでしょう。食べられることに感謝し、おいしく食べられる努力ができるように食事について考えてみましょう。

世界中には、食べ物がなくて死んでいってしまうたくさんの子どもがいることも伝えましょう。

COLUMN

渋沢栄一
「日本資本主義の父」と言われる実業家

生涯で五百以上の会社に関わる

渋沢栄一は、大きな農家の生まれでした。そめものやかいこまゆの仕事をしていました。原料の買い入れや販売をするため、そろばんができなくてはなりませんでした。栄一は、ソロバンだけでなく、五歳のころから、父から読書を教えられ、七歳の時には、論語を始め、四書五経とよばれる難しい本もよめるようになっていました。右手にそろばん左手に論語をもっていたと言われました。そろばんが得意で、十四才には、一人でそろばんを持ち、仕入ができるようになっていました。

後に「論語とそろばん」という本をだしました。利益をひとりじめしないで、国全体を豊かにすることが大切だと言っています。「正しい道理の富でなければ、その富は完全に永続することができぬ」といい、考えを貫きました。

中学年・高学年向き

17 「何もしないアルバイト」

やる気がでない。勉強なんかしたくない。仕事なんてしたくない。何もしないで、ごろごろしていられたらいいのになあ。

そんな人にふさわしいアルバイトの仕事がありました。

「やることは何もなし

　三食昼寝つき

　かなり高いバイト代

　何日でもよい」

仕事の内容は、何もやらなくてよいという仕事ですが、何もできないように手に筒をつけ、物をつかむことができません。目には曇りガラスのメガネをつけ、物が見えません。音も聞こえません。部屋には、窓もないしテレビも雑誌もありません。トイレと食事のときだけ筒やメガネを外してもらえますが、そんななかで、生活するのです。あなただったら何日、頑張れますか。

これは、アメリカで行われた実験です。その実験に協力してくれる学生アルバイトの募集だったのです。

そのアルバイトに参加した学生はどうだったでしょうか。

最初は、昼寝をしたり、歌を歌ったりしながら時間をつぶしていましたが、しだいに何もやることがないひどい退屈に我慢ができなくなり、次々と、二、三日もたたずやめていったのです。

それでも少数の学生が頑張りました。すると、しだいに幻想が見えはじめたといいます。

そしてその幻想もコントロールできないものになっていきました。

必死になって退屈と戦っている学生に、少しだけメガネを外して、電話帳を与えてみました。すると、とくに目的もないのに、むさぼるように電話帳を読みはじめたのです。

この実験は、人間がけっしてなまけ者ではないということを示しています。人間にとって、退屈は堪えられない。何か刺激が欲しいのです。何か見たい、聞きたいのです。

人間はだれでも、なまけ者ではありません。何か、もっとやりがいのあること、興味のもてること、夢中になれることをさがしているのです。

大金持ちで働く必要がない。毎日好きなことをして、趣味の生活をしていればよい。そんなだれもがうらやむ生活をしていた人がいました。しかし、その人は、けっして幸せではなかったのです。しばらくして彼は、身体障害者を助けるボランティアを始めました。お金ではなく、だれかのために働くことが、彼にとってやりがいのあることだったのです。

◆

雨上がりの道で、あなたは水たまりを見つけました。あなたは、どうしますか。きっと走っていって跳び越そうとするでしょう。水たまりを見ると、跳び越えてみたくなるのです。

高い塀があると登ってみたくなります。上にぶら下がっている物があると、ジャンプしてさわろうとします。人間は、目の前に目標があるとやってみたくなるのです。

では、あなたは、どんな水たまりを跳び越えようとしますか。小さすぎるとつまらない。大きすぎると、できるわけがない。「できるかな？　できないかな？」と、どちらかわからないような大きさの水たまりを選ぶでしょう。

あなたにとって、ちょうどよい目標がいちばんやる気が出ます。失敗するかもしれないけれど、成功すればうれしい目標です。自分でもはじめから高い目標を掲げるのでなく、手が届きそうな目標を段階的につくっていくとよいのです。

わたしたちは、いろいろな目標に挑戦をして成功したり、失敗したりを繰り返します。そのたびに、自分の実力を考えて、ちょうどよい目標を選びとっていけば、成果も上がるし、能力も伸びていくでしょう。

向山先生のアドバイス

目標をクリアする喜びが次のステップとなります。

子どもは本来、活動的で、「やる気が出ない」ことはほとんどありません。

向山が教育界に提案したことのひとつに「向山型算数」があります。その指導法に「まちがった問題には×をつける」という、教師の仕事として当然のことがあります。×をつけられた子どもたちは、○が欲しくて、何度も挑戦してきます。

教室で何気なく行われているこの教師の行為ですが、じつは、×をつけられない教師がたくさんいます。「子どもがやる気をなくすといけないから…」と危惧をするのです。そう考える教師は、子どもの本来の力がわかっていません。子どもの力を見くびってはいけません。子どもは、どんなことにも挑戦してきます。できないことにもトライする子がたくさんいます。大人は、子どもの力を信じ、辛抱強く見守ることです。

COLUMN

羽生善治
歴代名人の長所を全てかねそなえた天才棋士

時には四百手も読み、不利な場面から逆転できる力がプロの道へ

小学二年生になった羽生は、両親が買い物をする間、いつも将棋クラブで待っていました。羽生の才能を直感した先生は、昇級する楽しみを与えるため、あえて十五級からスタートさせました。五年生で五段になり、あまりにも強くなったため、家では家族が不利になると将棋盤を百八十度回転させて指すというルールが生まれました。

子ども大会では、母がわが子を見つけやすくするため、いつも広島カープの赤い帽子をかぶっていたのでまわりから「恐怖の赤ヘル」と呼ばれ、恐れられていました。

小学生将棋名人戦で優勝後、プロ養成所に入ると驚異的な速さで昇段し、一九八五年十二月、史上三人目の中学生プロになりました。

第4章

明るい子になるためのお話

幼児・低学年向き

18 「おはよう」のおまじない

おうちで使う「あいさつ」は、全部でいくつあるでしょうか。

答えは八つです。①「おはよう」、②「いただきます」、③「ごちそうさま」、④「行ってきます」、⑤「行ってらっしゃい」、⑥「ただいま」、⑦「お帰りなさい」、⑧「おやすみなさい」。

一日の最初につかう「おはよう」という言葉は、すてきな魔法の言葉です。そんな魔法の言葉のお話です。


うさぎのラビちゃんは、今日から小学生。大きなピンクのランドセルを背負ってお母さんと学校へ行くところです。

「小学校ってどんなところかな」

ラビちゃんはドキドキしてきました。おまけに足が石みたいに重くなって、思うように前に進めません。

「ラビちゃん、ドキドキしたときのおまじないを教えてあげるね」

お母さんがやさしく言いました。

「先生にも、お友だちにも、教室さんにも、お花さんにも、『おはよう』って言ってごらんなさい。きっと、ドキドキがなくなっちゃうから」

ラビちゃんは不思議でした。

「どうして『おはよう』がおまじないなのかしら？　おかあさんたらへんなの！」

そんなことを考えているうちに、いよいよ学校の門が見えてきました。ラビちゃんのドキドキはますます大きくなります。となりにいるお母さんにも聞こえているんじゃないかと思うくらいです。
するると、突然お母さんが言いました。

「桜の木さん、おはよう。今日からうちのラビをよろしくね」

「こちらこそよろしく。ラビちゃんが来てくれて、わたしもうれしいよ」

桜の木がニコニコ笑って答えてくれました。それを見ていたラビちゃんは、なんだかとてもうれしくなりました。

門を入ると、犬のケンくんが走ってきます。ラビちゃんは大きな声で、

「おはよう、ケンくん」

と言いました。

「おはよう、ラビちゃん」

ケン君の声を聞いて、ラビちゃんはもっとうれしくなりました。

靴箱のところに、大きなクマ先生が立っています。ラビちゃんはさっきより大きな声で、

「おはよう、先生」

と言いました。

「おはよう、ラビちゃん」

クマ先生の声を聞いて、ラビちゃんはもっともっとうれしくなりました。

お母さんが言いました。

「どう、ラビちゃん。おまじない、きいたでしょう」

ラビちゃんはびっくりしました。ほんとうです。気づいたらドキドキはなくなっていました。そしてかわりに、わくわくした気持ちでいっぱいになっていました。

「お母さん、『おはよう』って、ほんとうにおまじないだったね」

ラビちゃんはピョンピョン飛び跳ねながら、教室に入っていきました。

向山先生のアドバイス

子どもの心に届く言葉をかけましょう。

子どものしつけは、「あいさつ」「返事」「自分の脱いだ靴をそろえること」。この三つが大切であると、偉大な教育者の森信三先生が言われています。

下町の子どもと山の手の子どもと、どちらが「おはよう」のあいさつが身についていると思いますか？　人なつこい下町の子どもたちです。

それは、朝、学校に登校してくるまでに、あちこちのおじさん、おばさん、おじいさん、おばあさんたちに会うからだというのです。地域ぐるみで、「おはよう」のあいさつが飛び交うのです。その点、住宅街を通ってくる子どもたちはあまりご近所の方と会うことがないようです。同じマンションのエレベーターで会っても、会釈ひとつ、あいさつひとつしない大人のなんと多いこと。

「おはよう」のあいさつは、知らない人にも気軽にかけられ、新しい友だちをつくる力をもっています。でも、あいさつは、思っているよりずっと難しいものです。自分の子どもはできていると思っていても、実際には案外やっていないものなのです。あいさつが自然に出てくるようになるよう、ラビちゃんのお母さんのように、お子さんの前で、手本を示してやることが大切です。あいさつは幸運を運んでくれる、と子どもたちに伝えましょう。

子どもたちのこうした環境は、大人がつくるのです。

中学年・高学年向き

19　よかったさがし

子どものときに見たテレビアニメに、「愛少女ポリアンナ物語」という話がありました。見たことがある人もいるかもしれません。

その物語は次のような内容でした。

一九二〇年のアメリカ西部の小さな町に、八歳になるポリアンナという一人の少女が住んでいました。ポリアンナは、四歳のときにお母さんを亡くしたので、教会の牧師をしているお父さんのジョンと一緒に、貧しいながらも慎《つつ》ましく二人で暮らしていました。元気でいつも明るいポリアンナのたったひとつの心配は、お父さんのジョン牧師が　病気がちだったことです。

ジョン牧師は、やさしいお父さんでしたが、ポリアンナが人の悪口を言ったときには厳しく諭し、〝よかったさがし〟をするように言うのです。〝よかったさがし〟というのは、お父さんとポリアンナが始めたゲームでした。お母さんのジェニーが亡くなり、お父さんとポリアンナの二人で寂しく暮らしていたころ、お父さんとポリアンナは、聖書のなかに書かれている「喜び」や「楽しみ」を一緒に探したのです。そのおかげで、ポリアンナは字を覚え、数を数えることができるようになったのです。

「いいかい、ポリアンナ、これからは聖書のなかだけでなく、毎日のいろいろなことのなかから、喜びをさがしてごらん。きっとどんなことにも〝よかった〟と思えることがはずだよ」

それ以来、ポリアンナは、身の回りのできごとのなかから〝よかった〟をさがすようになったのです。

その後、お父さんは、ポリアンナをおいて亡くなってしまいます。ジョン牧師の遺言書には、ポリアンナのお母さんの妹に当たるパレー・ハリントンという名のおばさんがアメリカ東部のベルディングスビルという町におり、ジョン牧師に万が一のことがあったら、そこに預けるように書かれていました。しかし、ポリアンナは、そんなおばさんがいることをまったく知りませんでした。

一方、ベルディングスビルのハリントン家では、ポリアンナを預かってほしいという手紙を受け取ったパレーが、たいそう怒っていました。パレーは、姉や自分の一家を不幸にしたジョン牧師をうらんでいたのです。姉のジェニーがジョン牧師と結婚するまでのハリントン家は幸せだったのに、貧乏なジョン牧師とジェニーがとつぜん西部に旅立って以来、ハリントン家には次々と不幸が訪れたからです。しかし、身寄りのないポリアンナを引き取らないわけにはいきません。

そのため、パレーはポリアンナに厳しく当たりました。お父さんを失ったポリアンナは、そんな寂しい境遇にも負けることなく、〝よかったさがし〟をしながら明るく強く生きていくのです。

ポリアンナの〝よかったさがし〟は、こんな具合です。

ハリントン家に着いてポリアンナが案内されたのは、屋根裏部屋で、カーテンも絨毯《じゅうたん》も額縁《がくぶち》もなく、ベッドと小さなタンスがあるだけの惨めな部屋でした。しかしポリアンナは、窓から見えるすてきな景色を見て、「見て見て！　まるで絵みたいだわ。これなら額なんかいらないわ」

岩山に行って夕食に遅れたポリアンナに腹を立てたパレーおばさんが、罰として台所でパンと牛乳だけを与えたときのことです。「よかった。だって、わたし、パンと牛乳も好きよ。それにこのパンは、教会のパンよりおいしかったからうれしかったのよ」

ポリアンナは散歩をするのが好きでした。ある日ポリアンナは、町で怖そうな犬を連れた一人のおじさんを見かけます。この人は町の人から変わり者と呼ばれているペンデルトンさんでした。ペンデルトンさんは、もう十何年も、だれとも口をきいたことがなかったのです。その日から毎日、ポリアンナは、根気よくペンデルトンさんに声をかけつづけました。

それから十日ほど過ぎたある日のこと、ポリアンナが、今日も声をかけると、とうとうペンデルトンさんは怒りだしたのです。ところがポリアンナは、おびえるどころか、おじさんが返事したことを喜び、「おじさんって、いい人だと思っていたけど、やっぱりそうだったのね」と言うのです。そう言われたペンデルトンさんは、少し明るさを取りもどしたように去っていきます。

ある日、森のなかで足を折ってしまったペンデルトンさんをポリアンナが助けました。そのときもポリアンナは、「折れたのが両足でなくてよかった」とペンデルトンさんを慰めるのでした。そして、ポリアンナと話しているうちに、ペンデルトンさんはとても愉快な気持ちになってくるのでした。

あんなにポリアンナを嫌っているパレーおばさんも、ポリアンナの明るさと〝よかったさがし〟によってポリアンナを愛するようになり、ポリアンナが車にはねられて歩けなくなってしまうかもしれない状態になったときには、「お願いです、先生。わたしは、どうしてもあの子を元どおりの元気なポリアンナにしてやりたいのです。このハリントン家の財産をすべてつぎ込んでも」と、医者のチルトン先生に頼んだのです。

このポリアンナの〝よかったさがし〟は、周りをしだいに明るく変えていってしまうのでした。

〝よかったさがし〟、あなたもぜひやってみて下さい。

向山先生のアドバイス

感謝の表現は、周りの人を明るい気持ちにさせます。

最近の子どもたちには、感謝の心が育っていないと感じることがあります。

たとえば、昔の生活を知るために、七輪でおもちを焼く体験をしたときのことです。おもちをこんがりと焼き上げ、しょうゆをかけて食べました。「おいしかった」とも言わずに、「もっとないの？」「黄な粉もちは？」「大根おろしは？」という声がありました。昔の体験どころではありません。

今の子どもたちに、何が足りないのでしょう。昔は、おばあさんが、朝日に向かって手を合わせる姿とともに、その背中から「お天道様のおかげ」という感謝の言葉や心を学んだものです。

小さなころに親子で、声に出して感謝する気持ちを表す習慣を身につけたいとつくづく思います。朝のまぶしい太陽の日差しに感謝し、一緒に入ったお風呂の温かさに感謝し、夕焼けの美しさにも感謝できる、そんな気持ちを表せる子どもに育てたいものです。

中学年・高学年向き

20　病気が治った女の子

「病は気から」という言葉があります。

病気は、気のもち方ひとつで、よくも悪くもなるという意味です。

「うそも方便」という言葉があります。必要な場合はうそをつくのも仕方がないという意味です。

この二つを心にとめて、次のお話を読んでください。


重い病気の女の子がいました。その女の子は、現代の医学ではなかなか治るのが難しい病気でした。女の子のお父さんもお母さんもお兄さんも、難しい病気であることを知っていました。ただ、難しい病気であることを女の子に黙っていました。そして、女の子にはできるだけ励ましの言葉をかけるよう心がけていました。医者が言うには、治療も大事だが、本人の治ろうとする気持ちが何よりも大切だということだったからです。

女の子は、自分がなかなか良くならないので、自分はもう助からないのではないかと思いはじめていました。そんなある日、お父さんが言いました。

「今日は、だいぶ顔色がいいね。病気が少しよくなったんじゃないかな」

お父さんが、明るい笑顔でそう言うので、女の子は、そうかもしれないと思いました。

別の日、女の子はあまり食欲がありませんでした。体のために食べたほうがいいのですが、食事をだいぶ残してしまいました。

そんなとき、お母さんが言いました。

「これだけ食べられれば十分だわ。体にたくさん栄養がいくから、よくなるわよ」

それを聞いて女の子は、自分が少し良くなる気がしました。

また別の日、女の子は気分が悪くて体を起こすこともできませんでした。

お兄さんが言いました。

「ゆっくり体を休めることで、きっと体が回復するね」

それを聞いて女の子は、横になっているのも自分の体のためになる気がしました。

こうして女の子の家族たちは、ことあるごとに、女の子を励ましつづけました。

そのたびに、女の子は、少しずつ少しずつよくなっていきました。

これには、お医者さんが驚くほどでした。

そして・・・・・

女の子は、ついに、よくなったのでした。

もし、家族が、

「今日は、顔色が悪いね」

「あら、これだけしか食べられなかったの」

「起きることもできないのかい」

などと言っていたら、どうだったでしょう。女の子は、治るどころか、ますます悪くなっていったに違いありません。

顔色がよくないときでも、「顔色がいいね」とお父さんはうそをつきました。
でも、これが女の子の病気にはよかったのです。
元気がない友だちに、どんな言葉をかけたら元気を取り戻せるのでしょう。
このお話は、言葉ひとつがすごいパワーをもっていることをいっています。
相手を思う気持ちから、すごいパワーが生まれるのです。命を救うことすらできるのです。

向山先生のアドバイス

ほめ言葉には子どもを育てるパワーがあります。

言葉のパワーは、こうした病気のときだけに限りません。日常の小さな声かけが、まさにそうなのです。

子どもが一生懸命に描いた絵を見て、「何の絵これは?」「もう少し、丁寧に描きなさい」などと言ってはいけません。やる気も失せてしまいます。小さな一点をほめればいいのです。

ただ、ほめ言葉には、うそをつかないという絶対に必要な条件があります。「ほめる言葉」は、必ず事実に基づくものでなければなりません。「ここの色がとってもきれい」「こことここの色の使い方がすてきね」

ほめる小さな一点を見つけられることが、親の力量というものです。

力量は、磨かなければつきません。

何事も表と裏の両面をもっています。いい面、プラス面を見つける力をつけてください。

COLUMN

ヨハン・フリードリヒ・カール・ガウス

数学の天才、数学王と呼ばれた

言葉を十分話せる前から計算ができた

父が計算をしていると、そばにいた三歳頃のガウスが「まちがっている」と言うのでやりなおすとガウスの言うとおりだったそうです。ガウスは小学校に入学後、九歳で算数のクラスに入りましたが、どの問題もあっというまに解いてしまいました。

ある日、先生が少し時間のかかる問題を出そうと思って「一から百までの数をたすといくつになるでしょう」という問題を出しました。するとガウスは、すぐに答えを出しました。先生が「どのように解きましたか」と聞くと、ガウスは「1＋100＝101　2＋99＝101　3＋98＝101・・・100＋1＝101というように最初と最後の数を順番に二つずつ組にしてたしていきます。これが百の中に五十組あるので答えは、101×50つまり五千五十です」と答えました。他の生徒が苦労して問題を解いていく中でガウスの分かりやすい解き方は先生を驚かせました。

中学年・高学年向き

21 これからも友だち

みなさんはお友だちがいますか？　何人くらいいますか？　その友だちはあなたのことを友だちだと思っていますか？　ずっと友だちでいられる自信はありますか？

いまから二人の仲よしさんの話をします。ある日、この仲よしさんに問題が起こってしまうのです。

学校からの帰り道、二人は、仲よくおしゃべりをしながら歩いています。この二人は、幼稚園のころからの仲よしのゆう子さんとみささん。いつもいっしょです。

ある日、みささんが話しはじめました。

「わたし、引っ越しが決まったの。遠くへ行くのよ」

「えっ」

ゆう子さんは、びっくりしてしまいました。

「同じ中学に行くって約束したのに」

「ごめんね」

二人は何も話せなくなってしまいました。

ゆう子さんは、はなれてしまったらみささんと友だちでいられないと思い、悲しくなりました。

みささんは思いました。はなれていても、友だちは友だちだよ。それは変わらない、と考えました。

これからもずっと友だちでいたいなあと考えました。

次の日、みささんはゆう子さんに言いました。

「これからも友だちだよ」

ゆう子さんはびっくりしています。でもちょっと考えてから、

「うん」

と答えました。うれしそうです。


みなさんは、生まれてから今までに何人の人と出会ったか、数えたことはありますか？　世界中には、六十億人以上の人々が生活しています。みなさんの住んでいる日本にも、一億人以上の人々が生活しています。

その全員と出会うことなんて、とても無理なことです。住んでいる県の人々、全員に会うこともたいへんなことだし、町中の人々に会うのも難しいことです。

そんななかから、出会ったみなさんは選ばれた人たちなのです。きっと神様が、出会いなさい、きっといいことがありますよ、と出会わせてくれたのです。

人と人とが出会うということは、とても不思議で幸せなことだと思います。

仲良くなった友だちは、これからの大切な友だちです。クラスが一緒、学校が一緒ということは関係ありません。友だちは離れていても友だちです。相手のことを思う気持ちがあれば、ずっと友だちでいられます。

せっかく友だちになれたのだから、その人のよいところをたくさん見つけていけるといいですね。ひ

とつひとつの出会いを大切にして下さい。一生の友だちと呼べる友だちをたくさんつくって下さい。楽しいことがたくさん待っています。

向山先生のアドバイス

人生で出会う人は、自分のために選ばれた人です。

大人になると、「人との出会いのすばらしさ」を実感することでしょう。世の中の数からすれば、その人とは奇跡的な確率で出会っているということになります。また、出会う必要があって、その人と出会うという説もあります。通り過ぎていくだけ、すれ違っていくだけの人もたくさんいます。

人の出会いの神秘を子どもと語り合い、「出会い」を大切にできる気持ちを育てたいものです。だれにでもやさしく、気持ちのよい接し方ができることにつながることでしょう。

中学年・高学年向き

22　笑いの力

体に負った傷には、たくさんのお薬や治療法があります。でも心に負った傷につける薬はありません。そして、心の傷は目に見えません。

では、どうやったらその人たちを救えるでしょう。

「温かい言葉で励ます」「時間をかける」「お休みをする」など薬は存在しなくてもいろいろ考えられます。

そこで最近注目されているのは「笑い」です。笑うと明るい気持ちになります。心の傷を負った人は、「笑い」によって、心のなかに「明るさ」を取りもどせないかと提案されたのです。

ここでちょっと「笑い」の効果についてお話しします。

「笑う」ということは、わたしたちの体や心にとって、とってもいいことなのです。

世の中には「笑い療法士」という人たちがいて、その人たちが「笑い」を科学的に研究して、「笑い」が心や体にいいものなのだということを証明しているそうです。「笑い」は心の痛みや苦しみを和らげてくれるそうなのです。

最初は「笑い療法士」だなんておかしな人たちが出てきたものだ、とたくさんの人がばかにしていたそうですが、実際に実験や研究を重ねるうちに、ほんとうに「笑い」が人間の心や体にとってとってもいいことだということがわかったそうです。

笑い療法士の研究によると、笑うことで脳が刺激され、「痛み」を和らげてくれる「エンドルフィン」という物質が放出されるからだそうです。

お母さんにすごく怒られてちょっと元気のないお友だちや、何かで落ち込んでいるお友だちがいると思います。そんなときも、みなさんの周りには、いつもみんなを笑わせてくれるお友だちがいますね。みんなに笑いをもたらしてくれるお友だちは、そんな落ち込んでいるお友だちの心のなかに「明るさ」をくれるのです。

お友だちを笑わせることは、とてもいいことなのです。「笑う」ことで心を苦しめている問題が解決することはないかもしれないけれど、心は元気になるはずです。心が少しでも明るくなれば、問題を解決しよう、という元気が湧いてきます。

みなさんには、ちょっとでも楽しいこと、面白いことを見つけて、どんどん笑ってほしいな、と思います。

また、人に笑顔をもたらすことができるとすてきです。

笑うと自分自身も楽しくなるし、周りの人たちだって、笑っている人を見て楽しくなるはずです。

これからも、家や教室を笑いでいっぱいにしていきましょうね。

向山先生のアドバイス

笑いは明るい気持ちを呼び起こします。

教師をしていると、「笑い」の大切さに気づかされることがよくあります。

教師が笑っていると子どもたちは安心します。「笑い」が「笑い」を誘い、教室中に笑い声が響くことがあります。そんなときは、クラス全員がとても幸せな気持ちになります。

また、大笑いしなくとも、やさしい笑顔が不思議な力を発揮することもあります。

作品発表の時間、不安でいまにも泣き出しそうな子がいますが、そんなとき教師は、満面の笑みで、その子の手をとって、「とっても上手にできましたね。みんなに見せてあげようね。大丈夫、発表してごらん」と応援します。教師の笑顔で、できないことができてしまったり、四十名近い子どもの心がひとつになったりすることがあるのです。教師のなかには、鏡の前で笑顔をつくる練習をする人もいるほどです。

子どもに大人の顔色をうかがわせるような、寂しい行動をとらせてはいけません。大人の笑顔が、子どもを安心させ、穏やかな、落ち着きのある子どもに育てるのです。

第5章

素直な子になるためのお話

幼児・低学年向き

23 「あ・い・う・え・お」の話

今日は、入学式です。今日からぼくは、一年生。ぼくは、ランドセルを背負って海の見える小学校に通えるのをとても楽しみにしていたんだ。ほんとうは、今日で小学校に来るのは五回目。ぼくは、待ちきれずに小学校に遊びにきていたんだ。

さあ、式が始まりました。

ぼくのおとなりの席は、同じ幼稚園だった静香ちゃんです。校長先生が、

「一年生のみなさん、ご入学おめでとうございます」

と言うと、静香ちゃんが、

「ありがとうございます」

と言ったんだ。ぼくは、あわてて「ありがとうございます」と言った。そうしたら、校長先生がにこにこ笑顔で「今年の一年生は、あいさつが上手ですね」とほめてくれた。ぼくは、校長先生のにこにこ笑顔がいっぺんで大好きになった。それから、静香ちゃんの真似をしてよかったなと思った。今度からは、「ありがとう」と自分から言おうと思った。だって、ぼくは、今日から一年生だもの。

校長先生が、「今日の朝、起きたとき『おはよう』と言えた人」って、ぼくたちに聞いた。ぼくは、「はい」って元気よく手を挙げた。ぼくは、お母さんにもお父さんにも犬の「タロ」にも言ったんだ。みんなもぼくに「おはよう」って言ったよ。「おはよう」って言ってよかったな。犬の「タロ」は、「おはよう」って言えないから、ワンワンと鳴いてしっぽいっぱい振ってくれたんだ。とびっきりの「おはよう」だったなあ。

　すると、校長先生が、「これが『あ』です」と言ったんだ。「あ」って何だろう。そう思っていると、校長先生が、「あ、い、う、え、おの『あ』ですよ」って教えてくれた。ありがとう〟の「あ」、〝あいさつ〟の「あ」だと話してくれた。そうか、ぼくは「あ」ができたんだ。次に、校長先生が、「学校の前の横断歩道で、手を挙げて渡った人はいますか」

と聞いた。ぼくは、また、「はい」って返事をしたよ。でも、ほんとうは、ちょっと違うんだ。学校が見えてきたらうれしくなって「わーい、学校だ」と走り出そうとしたら、お父さんがぼくの手を引っ張った。

「何で、引っ張るんだよ」

って怒ったら、お父さんが、

「車が来たら、轢かれていたよ」

って、とても悲しそうな顔で言った。こんなに悲しい顔をしたお父さんを見たことがなかった。だから、ぼくは、ちゃんと手を挙げて横断歩道を渡るって約束したんだ。

　車が来なかったからよかったけれど、これが校長先生の話の「い」だっていうことがわかった。「い」は〝いのち〟の「い」なんだ。明日からは、一人で学校に行くのだから、気をつけよう。

　〝ありがとう〟の「あ」、〝いのち〟の「い」。「あ、い、う、え、お」だ。「う」と「え」と「お」は何だろう。校長先生は、いつ「う、え、お」の話をするのかな。ぼくは、一年生になったら、早く友達と遊んだり、勉強したりしたいって思っていた。でも、それだけじゃなくて、聞きたいことができた。校長先生の「う、え、お」が何か知りたいな。

「あ、い、う、え、お」の「あ」と「い」は何かわかりましたね。残りの「う、え、お」は何だと思いますか。

校長先生の「う」は〝うんどう〟、「え」は〝えがお〟、「お」は〝おもいやり〟でした。みんなでこの五つをどうすれば大切にできるか考えて、行動しましょう。そして、今日の自分は「あ、い、う、え、お」ができたかなと、振り返ってみましょう。

また、みんなで、「あ、い、う、え、お」をつくるのもよいですね。

向山先生のアドバイス

生きていくために守らなければならないことを教えましょう。

「あ」は〝ありがとう〟や〝あいさつ〟の「あ」、「い」は〝いのち〟の「い」、小学校の入学式に、日本中のたくさんの校長先生が話す話題です。それほど大切なことなのです。

小学校一年生＝六歳が、社会的規範を学ぶ臨界年と言われています。「あいさつすること」「命の大切さがわかること」など、生きていくために大切なことをこの幼い時期に身につけさせなければなりません。ときには厳しく「いけません」とはっきり伝え、よいことをしたときには、おおいにほめることが大切です。「よいこと」「悪いこと」の判断は、教えなければ身につきません。「なぜこんなことがわからないの？」と言わず、「それは、やってはいけないことなのよ」と言えばよいのです。そのほうが子どもの脳にシンプルに入ります。

大人が、「よいこと」「悪いこと」をしつけられる力をもたねばなりません。

COLUMN

本因坊秀策
囲碁史上最強の人物

幼いころから碁石で遊んでいた

秀策は幕末に活躍し、囲碁における近代の布石（石の並び）を築き、今でも尊敬される天才棋士です。三、四歳の頃は、碁石をやればすぐに泣きやみ、黒白を並べて遊んでいました。父にしかられ、おしいれに入れられた時のことです。しばらくして泣き声が聞こえないのを心配して母がそっとのぞくと、おしいれの中にあった碁石を盤に並べていました。母がその好みを知って、囲碁を教えたのが五歳の時でした。六歳で近くの村に敵がなく、七歳で三原城主の浅野公と対戦し、その力を認められました。九歳で江戸へ行き、二十一歳の時、将軍の前で最強の棋士を決める対戦で十九連勝しました。考えぬかれた絶対の一手と正確に今どれだけ勝っているかを見極める力は、秀策の無敵を支えました。秀策が受けた教育は、碁の修行を通して、人としての品格を身につけるものでした。

幼児・低学年向き

24 ライオンを助けたネズミ

ライオンとネズミ、どちらが人気があるでしょう。

ライオンは、たてがみがあるから、かっこいい。「百獣の王」といわれているね。走るのが速そうで、強そうだな。

ネズミは、小さくてかわいい。目がくりくりしていて、すばやく動けそうだな。

ライオンが好きな人、ネズミが好きな人、それぞれですね。

では、ライオンとネズミ、どちらが強いですか。皆さんの答えは、ライオンが強いと言う人が多いでしょうね。でも、こんな話があります。

あるとき、ネズミが草原を散歩していました。外はぽかぽか陽気で、とってもいい天気。お日様が笑っています。風が歌ってネズミにごあいさつ。ネズミも、うれしくなってしまいました。

ドシシ！　うっかりよそ見をしていて、何か大きなものに当たりました。

「あいたたたた。せっかくいい気持ちで散歩していたのに。だれだい？　大きなごわごわしたものを置いたのは」

あら、たいへん。見ると、昼寝中のライオンに、うっかりぶつかってしまったのです。

「こちらこそ、いい気持ちで昼寝をしていたのに、よくも邪魔をしたな。食べてしまうぞ！」

バックリ食べられてはたいへんです。ネズミはブルブル震えました。

「それだけは、許してください。助けてください、王様。そのうち、きっと、あなたの役に立ちますから！」

「お前が、わたしの役に立つだと？　わたしの爪の先でペチャンコに潰せそうなくらい、ちっぽけなお前が、わたしの役に立つはずがないではないか。わたしは百獣の王のライオンだぞ」

ライオンはばかにしたように笑いました。

「食べないでください。食べてもお腹いっぱいにはならないし、美味しくありませんよ。命を助けてくださったら、絶対に王様にご恩返しをいたしますから！」

ネズミは冷や汗をたらしてブルブル震えながら、一生懸命お願いしました。

「よし。そこまで頼むのなら許してやろう。小さなお前がわたしを助けることなど、ありえないが、わたしは王だからな」

あんまり、一生懸命頼むので、お腹のすいていなかったライオンは、ネズミを食べずに許してやりました。

体の長さが二メートル以上のライオンに、体の長さは十センチメートル、しっぽの長さを入れても二十センチメートルほどしかないネズミが役に立つなんて、ほんとうにあるのでしょうか。

ある日のことです。ライオンが草原を歩いていました。

バサッ。なんということでしょう。ライオンは猟師の仕掛けた罠にかかってしまったのです。罠から逃げようとライオンがもがけばもがくほど、罠はこんがらがって動けません。

「なんということだ！　ライオンのわたしがこんな罠から逃げられないなんて…」

そこへ、ネズミが出てきました。

罠の綱を少しずつかじって、時間をかけてライオンを罠から救い出しました。

「この前は命を助けていただきました。その恩返しです。どうです。役に立ったでしょう」

強そうだからといって強いわけではありません。弱そうだからといって弱いわけでもありません。人それぞれ得意なことはちがいます。あなたの得意なことはなんですか。

（参考文献：『イソップ物語』）

向山先生のアドバイス

「あなたならできるよ」の一言が、子どもに勇気を与えます。

イソップのお話から、わたしたちはたくさんのメッセージを受け取ります。この「ライオンとネズミ」のお話も、とても有名なお話です。

どんな者にもそれぞれにすばらしい力があるというメッセージを受け取る人もいれば、親切にすれば恩返しが思わぬところで受けられると解釈する人もいることでしょう。強さや弱さなどというものは時と場合によることで、自分にもきっとビッグ・チャンスが回ってくる、と密かに勇気をもらう人もいることでしょう。

いずれにせよ、ここでは「謙虚」にことに当たれというメッセージを受け取ってほしいものです。子どもたちには「友達をばかにしてはいけないよ、だれもが大きな力をもっているよ」と伝えましょう。学校での子どもたちのトラブルは、「ぼくをばかにした」という訴えから起こることが多くあります。

「そんなこともできないの?」という親の一言は、思っている以上に子どもの心を傷つけ、わが子の、他の子への対応となって現れます。同じ一言でも、「大丈夫、あなたならできるよ」と言葉をかけましょう。

COLUMN

パブロ・ピカソ
スペインでうまれ、フランスで活動した画家

少年時代から絵の才能があったピカソ

ピカソは、スペインの南部アンダルシア地方の港町マラガで生まれました。

ピカソの少年時代は、算数やアルファベットを覚えることが大嫌いで、先生から処罰を受けることがたびたびありました。ピカソは、その時の様子を「問題児として、真っ白な壁に囲まれたベンチが一つだけの処罰室によく送られたが、そこが大好きだった。スケッチブックを持っていってずっと絵を描いた。手を止めることなく、ずっとそこにいることができた」と語っていました。

やっとのことで小学校を卒業したピカソでしたが、絵を描く魅力のとりこになり、才能にも恵まれました。十六歳でマドリードの美術学校に見事合格をしました。

中学年・高学年向き

25 ブドウ畑の宝物

お父さんと三人の息子たちがいました。四人は広いブドウ畑をもっていました。四人ともまじめで、とてもはたらき者でした。

ある日のこと、お父さんは病気になってしまいました。子どもたちは一生懸命看病しましたが、なかなか病気はよくなりません。

自分の命が残り少ないことを、お父さんは悟ったのでしょう。子どもたちを枕元に呼ぶと、言いました。

「お前たち、これまで一生懸命わたしの看病をしてくれてありがとう。だが、わたしはそろそろ神様のもとへいくときが近づいてきたようだ」

お父さんの言葉に

「何を言うんです、お父さん」

「そうですとも、気をしっかりもって下さい」

息子たちは励ましました。

お父さんは続けました。

「いや、自分の体のことは、自分がいちばんよくわかる。わたしが神様のもとへいく前に、おまえたちに伝えておきたいことがある」

「何でしょうか？　お父さん」

「実は……、あのブドウ畑には宝が埋まっているのだ」

「何ですって!?」

三人の息子たちは驚きました。

あの畑に宝が埋まっていたなんて!

初めて聞く言葉です。

「いったい、畑のどこに埋まっているのですか」

「それは……」

お父さんは言いかけましたが、その先は言葉になりませんでした。

お父さんは天へと召されてしまったのです。

「あの広い畑の、一体どこに宝が埋まっているのだろう?」

お父さんのお葬式を済ませると、三人の子どもたちは宝のことが気になって仕方なくなりました。それからというもの、子どもたちは三人で分担して広い畑のあっちこっちを掘り返しはじめました。

一カ月ほどで畑中を掘り返し尽くしました。ついに畑から宝は見つかりませんでした。

「どうなっているんだ?」

「たしかにお父さんは宝が埋まっていると言ったのに……」

あの言葉はうそだったのでしょうか?

やがて子どもたちは宝をあきらめ、またせっせと畑仕事に精を出しました。

秋になりました。ブドウ畑には今年もたくさんのブドウがなりました。いままでのどの年よりもすばらしいブドウがたくさんたくさんなりました。それらを町へもっていくと、とても高い値段で売れました。三人の元にはたくさんのお金が入ってきました。

「そうか、わかったぞ！」

ある日、息子の一人が言いました。

「畑の宝の意味がぼくには分かったんだ！」

「ええ？　一体どういうことなんだい？」

あとの二人が聞きました。

「お父さんが宝が埋まっていると言ったのは一生懸命、畑仕事をしろということだったのさ。そうすれば、立派なブドウがたくさんとれる。それがぼくたちにとっての宝ということなんだ。てっきり畑の下に何かが埋まっているものだとばかり思っていたけれどそれは違っていたんだ。今年はぼくらが宝さがしで畑をあちこち掘り返したのが、たくさん畑を耕したことになって、ブドウがたくさんとれたのさ」

その説明を聞いて、二人も納得しました。

その次の年も、三人は一生懸命畑の土を掘り返しました。宝をさがすためではありません。秋にまたすばらしいブドウを手に入れられるよう、一生懸命耕したのです。

向山先生のアドバイス

目に見えない努力を続ける力を与えてやりましょう。

くだもの、野菜、お花、お米、育てるものの世話はどれも、毎日手を抜くことはできません。みのりを目にするまで、安心はできません。人は目先のことに捕らわれがちです。いま頑張ったことが、すぐにかたちになるとはかぎりません。

このお話は、なかなか努力が結果につながらないときに頑張る元気を与えることでしょう。

子どもが頑張っているのなら、結果が出なくても責めてはいけません。ブドウ畑のお父さんのように、「宝物が埋まっている」と子どもを励ますのです。目に見えない努力こそ、貴重な宝ものでもあります。

親のゆとりが、子どもを伸ばす条件でもあるのです。

中学年・高学年向き

26 上履き隠し

翔は今日、同じクラスの祐一とケンカをしてしまいました。

「ぼくは、弱虫じゃない。謝れ」

「謝れだって？　ほんとうのことだろう」

周りの友だちが二人を引き離したので、とっくみあいにはならずに済みました。でも、仲直りはせずに帰る時間になりました。

あっかんベー。あらあら、祐一が翔にむかって舌を出しています。翔は、腹が立ちました。

とても悔しかったので、教室のオルガンの後ろに祐一の上履きを隠してから、家に帰りました。

「少し困ればいいんだ。祐一のやつ。明日、学校に来れば、上履きがないって大騒ぎするぞ」

悪いのは、祐一だ。翔は、そう思いました。

家に帰ってから大好きなゲームをしたり、おいしいおやつを食べたりしました。でも、あんまり楽しくありません。翔の様子がいつもと違っていたのでしょう。

お母さんが聞きました。

「どうしたの。学校で何かあったの？」

「ううん、何もないよ」

ケンカをして相手の上履きを隠してきたなんて知られたらたいへんです。

翔は、あわてて言いました。

お母さんは、翔をじっと見つめると、こんな話を始めました。

昔々、あるところに意地悪なキツネが住んでいました。相手のいやがることをするのが大好きでした。カラスは、チーズを横取りされたと言って怒り、ヤギは、騙されて井戸に落とされたと言って怒りました。そのたびに、キツネは、

「ああ、おもしろい。人のいやがったり、困ったり、怒ったりするのを見るのは楽しいな」

と大笑いしていました。

ある日のことです。キツネがコウノトリを食事に招きました。コウノトリは喜んでキツネの家に行きました。

「キツネさん、お招きありがとう。おしゃれして来ましたよ。ごちそうしてくれるなんて、なんて親切なんだろう」

キツネは、細い目をさらに細くしながらニコニコして言いました。

「来てくれてうれしいよ。いろんな具の入ったおいしいスープを作ったんだ。ぜひコウノトリさんに飲んでほしくてねえ。さあ、どうぞ、家に上がってください。」

コウノトリは大好きなスープと聞いて目を輝かせました。でも、出てきたスープは浅い皿に入っています。キツネは、ピチャピチャ音を立てながら、おいしそうにスープを飲んでいます。

「コウノトリさん、遠慮せずに飲んでください。こんなおいしいスープはないよ」

キツネはニヤニヤしながら言いました。

おいしいのはわかります。とってもいい匂いです。でも、くちばしの流しコウノトリは、皿に入った

スープは飲みたくても飲めません。キツネはその様子を見て、楽しそうに笑いました。

数日後、コウノトリがキツネを食事に招待しました。

「この前は、おもしろかったな。コウノトリのあの顔。また、今日もからかってやろう」

キツネが出かけていくと、コウノトリの家からごちそうのいい匂いがしました。お腹のすいているキツネは、のどをごくりとならして部屋に入りました。

キツネが椅子に座って待っていると、コウノトリが食事を運んできました。キツネの前に出されたのは、首の細長い壺が一つ。コウノトリは壺のなかのごちそうを長いくちばしでついばみながら、キツネを見て言いました。

「おいしいですね。キツネさん。あなたもたくさん食べてくださいよ。この前のお礼です」

こうして、コウノトリが食べているあいだ、キツネは何もできずにお腹をすかせたままでした。

「キツネもコウノトリにいやがらせをしなければ、自分もされなかったのに」

「そうね。相手がいやがることをしてはいけないわね。キツネはいままで自分が楽しいから意地悪をしていたわ。でも、コウノトリに同じことをされて、いやな気持になったでしょうね。自分がされていやなことは相手もいやなことだとわかったでしょう。それがわかれば、今度から意地悪をしなくなると思うわ」

「自分がされていやなことは、相手もいやなの？」

「そうよ。翔はごちそうを目の前で食べられてうれしい？」

「いやだよ。あっ・・・・・」

翔は、祐一の上履きを隠したことを思い浮かべました。ぼくは、上履きを隠されたらいやだな。祐一もきっといやだろうな。いくらケンカしていてもやりすぎたかもしれない。

明日になったら、早く学校に行って祐一の上履きを戻しておこう。翔は、そう思いました。

向山先生のアドバイス

親は落ち着いて、子どもの話をよく聞いてみましょう。

小学校では、「靴隠し」はとても多いたずらです。子どものストレスから起きる、とても不愉快な事件です。靴はたいてい、さがせばすぐ出てきます。となりのクラスの靴箱や、かさ立ての下などに置かれていることが多いようです。

神経質な保護者は、この「靴隠し」が起こると、「うちの子はいじめられている」などと騒ぎ立てます。気持ちはよくわかりますが、少し余裕をもってほしいものです。

この話は、隠した側のお母さんの話ですが、隠された場合も同じような話を聞かせてあげるとよいでしょう。きっと、お友だちとのあいだに、何らかの形でトラブルがあったと思われます。相手の立場や気持ちを親子で考えてみましょう。

昔、「たくましく育てる」というお父さんの方針で、「たたかれたらたたきかえせ」「やられたらやりかえせ」と、毎日ケンカが絶えない子がいました。「たくましい子」と「乱暴な子」とは違います。やり返すのではなく、ちょっとの時間立ち止まって、「なぜこうなったのか」振り返る余裕をもってほしいものです。

COLUMN

北条時宗
元寇から日本の国を守った鎌倉時代の武将

堂々とした十一歳

将軍の前で笠懸（馬を走らせながら的の笠に弓矢を当てる）が行われました。武士たちは勇ましい姿で挑戦しますが、なかなか的に当たりません。将軍のそばでそれを見ていた北条時頼は、息子の時宗を呼びました。

時宗は、はちまき姿で、馬に一むち入れ走り出しました。そして弓を引きました。多くの武士たちの目の前で、見事矢は的の真ん中につきささりました。

その見事なうでまえと堂々とした様子はとても十一歳とは思えませんでした。

時宗は父親がなくなり、十四歳で執権を助ける役につき、十八歳で執権になりました。元の大軍に勝つことができたのは、時宗がリーダーとして素晴らしかったからだと多くの人が言っています。

27 いたずらの告白

中学年・高学年向き

みなさんのなかには、きょうだいげんかをしたり、おもちゃを片づけなかったり、約束を守らなかったりして、お父さんやお母さんに叱られたことがある人もいるでしょう。そんなとき、「どうして、ぼくだけ叱られるの」「妹だって、悪いのに」と思ったことはありませんか。そして、心のなかで「お父さんのばか」「お母さんなんて嫌いだ」と叫んだことがあるかもしれませんね。

では、なぜお父さん、お母さんはあなたのことを叱るのでしょうか。

サンサン少年は、町からずっと離れた村の学校に住んでいました。サンサンのお父さんは、校長先生をしていました。学校のなかに住んでいると、遅刻はしないのでゆっくり寝ていられるなど、便利なこともあります。でも、サンサンにとってきゅうくつなこともありました。サンサンは、とてもやんちゃで家でも学校でもいたずらばかりしていました。けんかもしました。校長先生でもあるお父さんは、そんなサンサンに対して厳しく叱りました。

あるとき、サンサンは、家からマッチを持ち出して火遊びをし、積んであったわらに火が燃え移り、もう少しで火事になりかけたことがありました。しかし、サンサンは自分が火遊びをしたとは言えず、正直に謝ることができませんでした。

あまりにもいうことを聞かないサンサンに、お父さんはがっかりすることもありました。

ある日、サンサンは病気になりました。だんだん元気がなくなり、ついに自分で歩くこともできなくなりました。厳しく叱っていたお父さんでしたが、彼を背負って何時間も歩きつづけて、ようやく遠く離れたとなりの村にいるお医者さんに行きました。しかし、医者は「治らない」と言います。ようやくたどり着いたお医者さんですから、直したいと思っているお父さんは、大きな声で言いました。

「あんたは、医者じゃないか。人を救うのが仕事だろ」

「お父さん、落ちついて」

「落ちついていられるか。この子をこの世界に連れてきたのはわたしだ。大人になるまで見守る義務があるんだ。治してみせる」

そう言って、医者をあとにしました。

サンサンに厳しいお父さんでしたが、かわいい息子のために、どんなに遠くても何軒も何軒も彼を背負って歩きつづけました。しかし、どの医者も首を横に振るばかりでした。

もうだめだとあきらめそうになったとき、一人の老人に出会います。その老人は、サンサンを丁寧に診て、苦い薬だが飲みつづければきっと治ると言い、薬をくれました。その帰り道、息をぜいぜいさせながら、サンサンは、火遊びをしたのは自分だと話すことができました。それを聞いてお父さんは、黙ってうなずきました。

その日から、薬を一日でも飲み忘れてはいけないと老人に注意されたお父さんは、サンサンのために毎日薬を飲ませつづけました。そのおかげで、サンサンの病気はしだいによくなっていきました。

お父さんやお母さんは、どうしてあなたを叱るのでしょうか。

サンサンは、病気になって気づいたことがありました。それは、お父さんがぼくのことを嫌いで叱っているのではなく、自分のことを本気で心配していたということです。そのことがわかったから、火遊びをしたのは自分だと正直に話せたのです。お父さんに言わなければいけないとわかっていても、お父さんのほんとうの思いが理解できなかったので言えなかったのです。

あなたのことをお父さんやお母さんが叱るのは、サンサンの場合と同じです。あなたが大好きだから、親としてよいことも厳しいことも辛いことも、みんな丸ごと精一杯言うのです。

向山先生のアドバイス

子どもは親の愛を感じだとき、素直になります。

親の言うことを聞かない子がいます。そんなときは、案外、親御さんの愛情が伝わっていないことが多いのです。

このお話では、お父さんが、息子を背負ってお医者さんをさがし回る場面があります。背負われているうちに、お父さんの愛を感じ息子が素直になっていくのです。

小さいころは、一日に一回はぎゅっと抱きしめて、「大好きだよ」とスキンシップをすることが大切であると言われます。動物実験でも証明されています。親の体温を感じながらミルクを飲んだチンパンジーは精神的に安定し、はりがねでつくられた親に抱かれて、ミルクを飲んで育ったチンパンジーは、臆病だったり、凶暴だったりするというのです。

子どもに親の愛が届くということは、親が思っているほど簡単ではないのです。言葉にも、態度にも、子どもへのメッセージを込めることが大切です。

COLUMN

高橋尚子
ゴールを目指し
ひたすら走る金メダリスト

とにかく走ることが大好き

「走ることが楽しい」と話す尚子。小学校一年生のマラソン大会でのことです。かけっこが大好きな尚子はこの日をとても楽しみにしていました。先生の合図でみんながいっせいに走り出しました。尚子も一生懸命走りました。ところが、走り出して間もなく、尚子のくつが脱げてしまいました。急いでくつをはきましたが、みんなはずっと先にいました。尚子はよりいっそう力強く走りました。やっと集団の真ん中まできたというとき、今度はつまづいて転んでしまいました。ひざがすりむけ、血が出ています。しかし、尚子は泣かなかったそうです。「大好きなかけっこで、負けるなんていや。ぜったい勝つ」と自分を奮い立たせ、全力で走りました。ぐんぐんと追い抜き、ついにトップでゴールインしたのです。最後まで決してあきらめないねばり強さは、すでにこの頃から育っていたのです。

あとがき

読み聞かせが、子育てに大切だということはだれもが知っています。

読み聞かせをすると、幼い子どもは毎日、お気に入りの本を本棚からとってきて、読んでほしいとねだります。同じ本をボロボロになるのまで何十回も繰り返し読んで聞かせることは珍しいことではありません。そのうち、子どもはお話を覚え、自分で読むようになります。

子どもに読み聞かせをしたことがある人は、食い入るように「おはなし」を聞く子どもたちを思い出すでしょう。子どもは、おはなしを聞くことが大好きなのです。子どもたちは、おはなしを聞きながら、お話の中にわが身を置き、登場人物たちと出会うのです。いいお話をたくさん子ども達に聞かせたいものです。

元気な子、やさしい子、明るい子、楽しい子、よく気が付く子、よく働く子、最後までがんばる子、強い子、いたずらっ子、恥ずかしがりやの子……様々な子どもたちがお話を通して、それぞれの立場を考え、判断し、感動することができるのです。

集中して聞く力、聞いて場面を想像する力、語彙力など読み聞かせによって様々な力が養われます。そして同時に親の心が子どもに伝わります。子どもは、周りのすべてのことから学びます。知的なことが大好きです。

本書は、ＴＯＳＳの向山代表が監修した既刊の読み聞かせの本から、テーマにあったお話を選びました。教育委員会から紹介させてほしい、ラジオから読み聞かせたいので許可をお願いしたいなどの反響があったお話もあります。読み聞かせの目安として、「幼児・低学年向き」「中学年・高学年向き」と示しましたが、お子様が分かるように親御さんの言葉で読み聞かせて頂ければうれしいです。

また、コラムは、私が編集した既刊の本「誕生月偉人カレンダー」（明治図書）から抜粋した偉人のお話です。子ども達に読み聞かせ、伝えたいお話です。

ご家庭や、学校や幼稚園の先生方の読み聞かせのお手伝いができるとうれしいです。

ＴＯＳＳ向山洋一代表には、多くのご指導を頂き、ＴＯＳＳブルーライト代表の佐藤あかね先生にはたくさんの協力をお願いしました。お礼申し上げます。

二〇一七年十二月　　師尾　喜代子

【監修者紹介】

向山洋一（むこうやまよういち）

東京都出身。東京学芸大学社会科卒業。東京都大田区の公立小学校教師となる。日本教育技術学会会長。NHK「クイズ面白ゼミナール」教科書問題作成委員、千葉大学非常勤講師、上海師範大学客員教授などの経歴をもつ。退職後は、TOSS（Teacher's Organization of Skill Sharing）の運営に力を注いでいる。モンスターペアレント、黄金の3日間、チャレンジランキング、ジュニアボランティア教育など、教育にかかわる用語を多く考案・提唱している。著書多数。

【編集協力】

○佐藤あかね

師尾勇生・齋野航也・関口浩司・宮森裕太・中田駿吾・佐々木まりあ
清田直紀・久保田昭彦・橋本信介・川口里佳・村上諒・原成美

【執筆者】

師尾喜代子・本間明・岡恵子・島まゆみ・芝田千鶴子・田中由美子
中濱麻美・山本純・佐々木静・佐藤あかね・中村有希・長谷川千早
坂本典子・橋本信介・石井靖・有村紅穂子・小倉郁美・竹下真己
八幡加奈子

親と教師の虎の巻　説教より読み聞かせ

2018年 1月 5日　第1版第1刷発行
2019年 4月19日　第1版第2刷発行

著　者　向山洋一
マンガ・イラスト　バーヴ岩下
装丁デザイン　株式会社グローブグラフィック
発 行 者　師尾喜代子
発 行 所　株式会社　騒人社
〒142-0054　東京都品川区西中延3-14-2 第2TOSSビル
TEL 03-5751-7662　　FAX 03-5751-7663
会 社 HP　http://soujin-sha.com/
本文レイアウト・印刷製本　株式会社双文社印刷

ISBN978-4-88290-080-1